Arena-Taschenbuch
Band 50346

In der Reihe „Mein Leben" sind außerdem erschienen:
Mihrali Simsek: *Mit 18 mein Sturz.*
Mein Leben im Gefängnis (Band 50253)
Christina Helmis: *Mein Lollimädchen-Ich.*
Mein Leben mit der Magersucht (Band 50254)
Sabrina Tophofen: *So lange bin ich vogelfrei.*
Mein Leben als Straßenkind (Band 50343)
Angela S.: *Dann bin ich seelenruhig.*
Mein Leben als Ritzerin (Band 50344)
Bader/Braun/Sailer/Schreiber/Sellmaier: *Die Schüler von Winnenden.*
Unser Leben nach dem Amoklauf (Band 50345)
Josephine Opitz: *Auf dem Laufsteg bin ich schwerelos.*
Mein Leben als Model im Rollstuhl (Band 6549)
Ela Aslan: *Plötzlich war ich im Schatten.*
Mein Leben als Illegale in Deutschland (Band 6584)
Julia Kristin: *Online fühle ich mich frei.*
Mein Leben im Netz (Band 6724)
Lisa-Marie Huber: *Der Tod kriegt mich nicht.*
Mein Leben mit der Leukämie (Band 6898)

Anna B.,
geboren 1989, hat das Gymnasium besucht und nach dem Abitur
eine Ausbildung in einer Pressestelle begonnen. Sie ist begeisterte
Reiterin und lebt in der Nähe von Bonn. Mit zwölf wurde sie
das erste Mal von ihrem Stiefvater missbraucht. Mit 17 Jahren
ist sie zu Hause ausgezogen, um von ihm wegzukommen.
Erst Jahre später zeigte sie ihn an. In diesem Buch schildert
sie erstmals ihre Geschichte bis zum Gerichtsverfahren.

Kerstin Dombrowski (Hrsg.),
Jahrgang 1973, arbeitet als freie Fernsehjournalistin für WDR,
ZDF und MDR. Sie hat bereits zwei Sachbücher veröffentlicht
und lebt mit ihrer Familie im Norden von München.
»Ich werde die Bilder im Kopf nicht los. Mein Leben nach dem
Missbrauch« ist ihr drittes Buch in der Reihe »Mein Leben«.

Anna B.

In Zusammenarbeit
mit Kerstin Dombrowski

Ich werde die Bilder im Kopf nicht los

Mein Leben nach dem Missbrauch

Zu diesem Buch ist eine Unterrichtserarbeitung verfügbar.
Informationen darüber erhalten Sie beim Arena Verlag unter
www.arena-klassenlektueren.de.

Aus Datenschutzgründen wurden die Namen im
nachfolgenden Text teilweise von der Redaktion geändert.

1. Auflage als Arena-Taschenbuch 2015
© 2014 Arena Verlag GmbH, Würzburg
Alle Rechte vorbehalten
Zitat S. 69: Seite „Trauma (Psychologie)".
In: Wikipedia, Die freie Enzyklopädie.
Bearbeitungsstand: 21. September 2013, 09:40 UTC.
URL: http://de.wikipedia.org/w/index.php?title=
Trauma_(Psychologie)&toldid=122735136
(Abgerufen: 23. September 2013, 08:58 UTC)
Umschlaggestaltung: Juliane Hergt, unter Verwendung eines
Fotos von © plainpicture/André Schuster
Bei der Person auf dem Cover handelt es sich
nicht um die Autorin des Buches.
Umschlagtypografie: knaus. büro für konzeptionelle und
visuelle identitäten, Würzburg
Gesamtherstellung: Westermann Druck Zwickau GmbH
ISSN 0518-4002
ISBN 978-3-401-50346-2

www.arena-verlag.de
Mitreden unter *forum.arena-verlag.de*

1. Die Anzeige

*»Pro Jahr werden wegen sexuellen Missbrauchs
12 000 bis 15 000 Anzeigen erstattet. 92 Prozent
der Opfer sind im Alter zwischen 6 bis 14 Jahren.
Schätzungen von Experten gehen allerdings von
100 000 bis 300 000 Missbrauchsfällen pro Jahr
aus – das bedeutet, dass nur jeder 7. bis 25. Fall
angezeigt wird.«*

Veit Schiemann, Pressesprecher Weißer Ring e.V.

Umständlich hantiert der dickliche Polizist an der kleinen Videokamera herum, die oben an der Decke hängt. Dann ruft er »Jetzt?« und lauscht hoffnungsvoll in den Flur. »Nee, noch immer nix!«, brüllt seine Kollegin aus der Technik zurück, die im Nachbarraum vor dem Monitor sitzt und darauf wartet, dass sie endlich das Kamerabild empfängt. Kommissar Krause verzieht genervt das Gesicht. Ich sehe ihm an, dass er am liebsten laut fluchen würde, sich aber zusammenreißt, weil ich ja hier sitze und ihn beobachte. Bemüht freundlich lächelt er stattdessen zu mir herüber, entschuldigend die Achseln zuckend, um sich dann weiter mit der Kamera zu beschäftigen. Dazwischen brummt er so aufmunternde Dinge wie »Gleich haben wir's!« oder so.

Mir egal, von mir aus kann er noch stundenlang weiter

an dem Ding schrauben. Oder auch Tage. Oder mich am besten gleich nach Hause schicken.

Ich fühle mich elend. Unendlich grenzenlos elend. Klitzeklein, ausgeliefert und verloren. Ich versuche, ruhig zu atmen, weil ich mal gelesen habe, dass das in Stresssituationen helfen soll. Leider merke ich nichts davon. Am liebsten würde ich davonlaufen. Aber ich kann nicht. Zumindest habe ich das Gefühl, nun nicht mehr davonlaufen zu können. Was würde das auch bringen? Der Polizist wüsste eh, wo er mich findet. Meine ganzen Daten hat er ja schon ...

Ich ärgere mich. Selbst schuld, dass ich hier sitze. Nur weil ich meine Klappe nicht halten konnte und geheult habe, als mein Ausbildungsleiter mich zum hundertsten Mal gefragt hat, was eigentlich mit mir los ist. Allerdings hat er diesmal nicht lockergelassen. Kein Wunder, ich seh wirklich schlimm aus: übersät mit blauen Flecken, meine Lippe aufgesprungen. Mein Ausbildungsleiter musterte mich lange, als er auf eine Antwort wartete. Dann hat er weitergebohrt und schließlich resigniert den Kopf geschüttelt, als er gesagt hat: »Anna, das kann so nicht weitergehen!« Und da habe ich plötzlich Panik bekommen. Sollte das heißen, dass er mir kündigen will, dass ich meine Ausbildung in der Pressestelle des Unternehmens nicht zu Ende machen darf? Erst habe ich ihn entsetzt angestarrt. Na, und dann habe ich geredet. Oder besser gesagt: geschrieben. Nicht viel, nur vier Worte: »Das war mein Stiefvater.« Meinem Chef war das genug, um mich sofort zur Polizei zu schleppen: »Du musst deinen Stiefvater anzeigen!«, hat er vorher noch gesagt. Und ich habe mich nicht getraut, ihn davon abzubringen. Erst hatte ich ein kurzes, unverbindliches

Vorgespräch mit dem Polizisten, in dem er mir dringend riet, die ganze Sache zur Anzeige zu bringen. Und irgendwie erschien mir das in diesem Moment ganz logisch und richtig und deshalb habe ich Ja gesagt.

Nun sitze ich hier. In einem kleinen kahlen Büro. Lediglich in einer Ecke liegt ein bunter Spielteppich, auf dem ein paar Holztiere stehen und ein Stapel übergroßer Lego-Steine. Mir schnürt mein Hals zu. Hier sind wohl häufiger Kinder. Alles Misshandelte oder Missbrauchsopfer?

Unruhig rutsche ich auf dem unbequemen Stuhl hin und her. Ich fühle mich schrecklich! Kommissar Krause hat mich zu meiner ersten Vernehmung in diesen Raum gebracht. Meiner *ersten!* Das klingt, als würden noch weitere folgen sollen. Dabei weiß ich schon jetzt, dass ich nichts sagen werde. Ich kann nicht. Mein Körper kann nicht, mein Kopf kann nicht. Alles wehrt sich dagegen, die schmutzigen Worte in den Mund zu nehmen, die das beschreiben, was mein Stiefvater mir jahrelang angetan hat – schon bei dem Gedanken daran schüttelt es mich. Ich möchte nicht daran denken. Nie wieder! Ich will diese Bilder loswerden, sie endlich aus dem Kopf bekommen und nicht wieder heraufbeschwören und auch noch einem wildfremden Mann erzählen.

Schuld, Scham – ich weiß gar nicht, welches Gefühl stärker ist. Ich fühle mich so schmutzig, dass ich mir sicher bin, dass niemand mehr etwas mit mir zu tun haben wollte, wenn er Bescheid wüsste. Deshalb rede ich auch nicht darüber. Selbst meine beiden besten Freundinnen ahnen nichts. Sie wundern sich höchstens, warum ich manchmal so merkwürdig reagiere, wenn es um Jungs geht. Aber ich habe solche Angst, dass sie sich vor mir ekeln. Und Vorwürfe machen. Selbst wenn sie es nicht zugeben, dann zumindest denken: Warum hat sie sich denn nicht gewehrt? Das ist es, was ich mich auch selbst immer frage: Hätte ich mich mehr wehren können? Wäre mir dann alles erspart geblieben? Bin ich selbst schuld an meiner Geschichte?

Ich mustere den Beamten. Kriminalbeamter Martin Krause. Er tut so nett. Ganz verständnisvoll. Noch ist er das vielleicht auch. Aber wenn er gleich meine Geschichte kennt, wird er sicher auch sagen: »Du warst schließlich schon zwölf und kein Baby mehr!« Meistens glaube ich auch, dass ich mich als Zwölfjährige doch schon gegen einen erwachsenen Mann hätte wehren können – gegen meinen erbärmlichen Stiefvater.

»So, ich wäre dann endlich so weit«, sagt Krause nun, nachdem seine Kollegin aus dem Nachbarzimmer begeistert gerufen hat: »Es geht! Martin, es läuft!« An der Kamera blinkt sogar schon ein rotes Licht. Auch das noch! Ich bin wie erstarrt. Während der Kriminalbeamte noch ein paar Ordner auf dem Tisch beiseiteschiebt, erfragt er wie beiläufig meine Personalien. Obwohl er das doch alles schon weiß: Anna B., geboren am 12. Dezember 1989 in Bonn. Dann verschränkt er seine Hände. Kleine Hände. Harmlose Hände. Trotzdem beschleicht mich ein Hauch Panik: Du bist mit diesem Mann alleine im Zimmer. Die Tür ist zu. Die Panik verstopft kurzfristig meine Ohren und sticht in meinem Gesicht. Genau wie im Büro meines Ausbildungsleiters. Als das ganze Dilemma anfing. *Dieses* Dilemma, meine ich. Dass ich jetzt hier sitzen muss und über etwas reden soll, worüber ich seit zehn Jahren schweige. Schweige, schweige, schweige! Natürlich haben viele gemerkt, dass ich oft unkonzentriert bin, verheult aussehe, dass mein Körper mit blauen Flecken und wulstigen Narben übersät ist, von denen jeder ahnt, dass sie nicht durch diverse Unfälle entstanden sind, sondern dass ich sie mir teilweise selbst zugefügt habe. In einem Anfall von Selbstverletzungsdrang.

Ich atme tief ein. Martin Krause schaut mich erwartungsvoll an.

Krause: »Weshalb sind Sie heute hier?«
Ich: Schweigen.
Krause: »Ihr Ausbildungsleiter hat Sie begleitet. Ist etwas vorgefallen oder warum sind Sie hergekommen?«
Ich: »Nein. Also, ja.« Schweigen.
Krause: »Was denn? Womit hat es zu tun? Könnten Sie mir zumindest einen Anhaltspunkt geben?«
Ich: Schweigen.
Auszug aus dem Vernehmungsprotokoll, 17. Juni 2011, 10 Uhr

Das Schweigen fällt mir nicht schwer. Es ist einfach da. Ich weiß, dass es manchen Leuten Stress bereitet, auf eine Frage nicht zu antworten und die Stille danach zu ertragen. Mir macht das nichts. Schon allein deshalb, weil ich keine Worte habe. Sie sind nicht in meinem Kopf. Stattdessen fühle ich, was der Polizist hören möchte. Ich fühle den ganzen Schmerz meiner Kindheit und Jugend. Permanent. Ich höre den schweren Atem meines Stiefvaters, rieche seinen Schweiß, spüre die Schmerzen, die er mir immer zugefügt hat. Höre meine Mutter im Nachbarzimmer, die genau gewusst hat, was ihr Mann mir gerade antut. Habe das Gefühl, den Boden unter mir zu verlieren. Wie früher. Kein Halt. Keine Chance zu entkommen. Und nicht mal eine Mutter, die mich beschützt. Ganz im Gegenteil. »Du kriegst das, was mir zusteht!«, hat sie mir manchmal vorgeworfen. Als ob ich das gewollt hätte! Als ob ich eine Wahl gehabt hätte!

Oder hätte ich die Wahl gehabt? Da ist es wieder: Ich hätte mich mehr wehren müssen!!! Ich bin so wütend auf mich selbst. So wahnsinnig wütend. Und enttäuscht. Und traurig. Und hilflos. Und verloren.

Meine Gedanken drehen sich im Kreis. Wie immer. Kommissar Krause sieht mich einfach an und wartet. Dann ändert er seine Taktik.

Krause: »Sind Sie schon länger in der Ausbildung oder haben Sie gerade erst angefangen?«

Ich: »Seit Oktober 2010.«

Krause: »Und was haben Sie vorher gemacht? Sind Sie direkt von der Schule gekommen?«

Ich: »Nein. Ich habe 2008 Abi gemacht. Und danach.« Schweigen.

»Danach habe ich erst mal Pause gemacht.«

Krause: »Inwiefern Pause? Haben Sie zwei Jahre lang gar nichts gemacht oder haben Sie nebenbei gejobbt oder so etwas in der Art?«

Ich: Schweigen.

Krause: »Seit wann wohnen Sie denn nicht mehr zu Hause bei Ihren Eltern?«

Ich: »Gute Frage. Also offiziell umgemeldet habe ich mich direkt an meinem 18. Geburtstag. Aber ausgezogen bin ich eigentlich schon mit 17.«

Krause: »Wieso haben Sie sich dazu entschieden, das Eltern-

haus so früh zu verlassen? War es nicht praktisch, noch etwas bekocht und betüddelt zu werden?«

Ich: Schweigen.

Krause: »O. k. Anscheinend nicht. Wie haben Sie das denn finanziert? Haben Sie Unterstützung von Ihren Eltern bekommen oder sind Sie bei Freunden oder anderen Familienangehörigen untergekommen?«

Ich: »Nein, ich bin in eine kleine Wohnung gezogen.«

Krause: »Und die haben die Eltern bezahlt?«

Ich: Schweigen.

»Nein, ich habe doch gesagt, die haben mich nicht unterstützt. Ich musste selber zusehen, wie ich klarkomme.«

Krause: »Und sind Sie klargekommen?«

Auszug aus dem Vernehmungsprotokoll, 17. Juni 2011, 10:15 Uhr

Bei diesen Fragen fühle ich mich in die Ecke gedrängt. Mein Kopf senkt sich ganz automatisch. Ich möchte Kommissar Krause nicht ansehen. Ich möchte mich wegdenken. Was glaubt der denn? Wahrscheinlich hatte Herr Krause ein liebevolles Elternhaus, in dem Mutti gefragt hat, wann er nach Hause kommt, damit dann pünktlich das Essen auf dem Tisch steht. Aber so war mein Zuhause nicht. Früher vielleicht. Als mein Vater noch lebte. Ja, da war es noch eine heile Welt. Vater, Mutter, mein zwei Jahre älterer Bruder Alex und ich. Und mein Pony Pedro natürlich, auf dem ich reiten gelernt habe.

Mein Vater war selbstständig mit einem kleinen Verlag. Es ging uns gut. Finanziell und auch so. Am liebsten erinnere ich mich an unsere schönen Urlaube. In den Herbstferien waren wir meistens in Amerika und Ostern oder Weihnachten im Disneyland Paris, das fand ich besonders toll. Auf der Fahrt haben wir CDs gehört, Kinder-CDs, da haben Alex und ich uns immer durchgesetzt. Und wir haben diese typischen Spiele gespielt: aus Nummernschildern Sätze bilden, wer weiß zuerst ein Tier mit dem Anfangsbuchstaben auf dem Nummernschild?, all so etwas. Dabei haben wir viel gelacht.

Sie haben sich gut verstanden, meine Eltern. Und sie haben sich toll um uns gekümmert. Jeden Donnerstag hatten wir »Mädels-Ausgang«, das heißt, Mama und ich sind alleine losgezogen. Meistens waren wir Eis essen und anschließend durfte ich mir in einem kleinen Spielzeuggeschäft neben der Eisdiele ein Gummitier aussuchen. Die habe ich gesammelt und hatte schon eine richtig große Kiste voll. Das war schön. Jeden Donnerstag dasselbe Ritual ...

Mein Vater wollte immer etwas Neues entdecken. Beinahe jedes Wochenende hat er uns mit einer Ausflugsidee oder einer Kurzreise überrascht. Er wollte uns die ganze Welt zeigen.

Und er konnte sie uns auch erklären, denn er wusste unglaublich viel. Alles konnten wir ihn fragen: zu Sternbildern, Tieren, Mathematik-Hausaufgaben – und alles hat er uns geduldig und anschaulich erklärt. Unser Papa war ein toller Vater: geduldig, liebevoll, verständnisvoll und lustig. Wir waren eine richtig glückliche Familie.

Doch dann wurde seine Krankheit schlimmer, von der wir Kinder bis dahin nur wussten, dass er sie hatte und dass sie ihn ein bisschen schwächer machte: multiple Sklerose, eine unheilbare Nervenerkrankung. Früher war er einfach nur ein bisschen wackeliger unterwegs, aber dann ging alles wahnsinnig schnell – plötzlich saß Papa im Rollstuhl. Das war erst mal gar nicht schlimm, also für mich nicht. Schließlich konnte er mir weiterhin Geschichten erzählen und die Welt erklären. Nun musste Mama eben das Auto fahren, wenn wir verreisten. Ich habe ihm geholfen, sich anzuziehen, habe ihm Brote geschmiert und seinen Rollstuhl geschoben. Das habe ich gerne gemacht und mich dabei groß und selbstständig gefühlt. Leider musste er nun auch häufiger für längere Zeit ins Krankenhaus und ich war jedes Mal überglücklich, wenn er wieder nach Hause kam.

Weil das Schlafzimmer im ersten Stock lag, ist Papa irgendwann in unser Gästezimmer im Erdgeschoss gezogen. Ohne Mama. Die konnte ja weiter Treppen steigen und wollte im Schlafzimmer bleiben. Damals habe ich das nicht so verstanden, aber es war wohl schon das erste Anzeichen, dass sich zwischen meinen Eltern etwas veränderte. Meine Mutter führte den Betrieb weiter, mein Vater sollte sie beraten. Aber eigentlich stritten sie nur noch. Ich habe das nicht verstanden. Papa war doch noch immer derselbe. Noch immer der liebevolle, witzige, schlaue Geschichtenerzähler. Aber meine Mutter war nur noch überfordert und genervt, hatte ständig schlechte Laune und meckerte dann auch oft mit uns Kindern rum.

Als ich etwa acht Jahre alt war, kam ich von der Schule nach Hause und Papa war weg. Ohne Vorwarnung hatte er das Gästezimmer geräumt und war in ein Heim gezogen. »Da ist er besser versorgt«, erklärte meine Mutter. Und damit war das Thema für sie erledigt. Für mich nicht, aber ich traute mich nicht, danach zu fragen. Mein Bruder auch nicht. Über Probleme wurde bei uns nicht gesprochen, jeder musste alles mit sich alleine ausmachen. Aber das war okay so. Ich kannte es ja nicht anders.

Ich seufze. Vielleicht fällt es mir deshalb auch extra schwer, dem Polizisten jetzt und hier aus meinem Leben zu erzählen.

Krause: »Nun mal im Ernst: Wie haben Sie das denn bezahlen können? Ich kann mir schon vorstellen, wie teuer das sein muss: eine eigene Wohnung, Nahrungsmittel ...«
Ich: »Ich habe halt nebenbei angefangen zu arbeiten.«
Krause: »Und als was? Haben Sie gekellnert oder Zeitungen ausgetragen?«
Ich: »Nein, ich habe mich mit Männern getroffen und dafür Geld bekommen.«
Krause: »Und was haben Sie dann gemacht? Sich einfach getroffen, zusammen hingesetzt, geredet? Und dafür haben Sie Geld bekommen? Das klingt ja nicht so schlecht.«
Ich: »Meine Güte, nein! Natürlich nicht! Natürlich haben die mich nicht fürs Angucken bezahlt. Das wissen Sie doch genau. Natürlich war ich mit denen im Bett, habe mich anfassen lassen, denen tolle Wünsche erfüllt ...«
Krause: »Was hat Sie denn auf die Idee gebracht, sich gerade einen solchen Nebenjob zu suchen? Ich meine, nehmen Sie mir es bitte nicht übel, aber es ist ja nicht der beliebteste oder ein angesehener Job. Und Sie sind ja nicht dämlich, sodass Sie auch etwas anderes hätten finden können.«
Ich: »Und wo kann man bitte sonst in so kurzer Zeit so viel Geld verdienen?«
Krause: »Und das ist es Ihnen wert, sich zu verkaufen? Oder hat es Ihnen Spaß gemacht? So wie Sie aussehen, sicher nicht.«
Ich: »Was denken Sie denn? Natürlich hat es keinen Spaß gemacht! Aber immerhin war es meine eigene Entscheidung. War ja schon mal ein Fortschritt. Und meine Güte! Es ist doch eh

vollkommen scheißegal, ob man sich nun vom Stiefvater ficken ...«
Schweigen
Krause: »Möchten Sie weiterreden? Was hat Ihr Stiefvater damit zu tun?«
Ich: Schweigen
Krause: »Vielleicht verstehe ich es gerade falsch. Dann klären Sie mich bitte auf. Aber hat er Ihnen schon einmal was angetan?«
Ich: Weinen

Auszug aus dem Vernehmungsprotokoll, 17. Juni 2011, 10:42 Uhr

Es ist raus, denke ich in diesem Moment. Etwas, das seit etwa neun Jahren in mir pocht und hämmert, was mich wütend macht und traurig, weswegen ich mich schmutzig fühle und schuldig. Etwas, das mir jeden Tag auf die Seele drückt, sie kleinhält und einsperrt und zerquetscht und zerhackt. Trotzdem wünsche ich mir sofort, ich könnte das Gesagte zurücknehmen. Aus Angst vor den Folgen, die es haben wird: für mich, meine Mutter. Ich mag gar nicht daran denken ... Aber dass es Folgen haben muss, ist mir sofort klar. Sofort.

Ich ärgere mich über mich. Es war nur dieser kurze Moment, als ich wollte, dass Herr Krause mich versteht. Als ich nicht wollte, dass er denkt, ich hätte mich gerne und freiwillig beim Escort-Service beworben, da konnte ich nicht anders. Ich hatte das Gefühl, ich müsste dem netten Herrn Krause diesen ganzen Mist auf den Tisch kotzen, damit ich ihn los bin.

Nun ziehe ich mich wieder komplett zurück. Tränen strömen über mein Gesicht. Tonlos – wie immer. Ich weine vollkommen tonlos.

Bilder kommen in mir hoch, Situationen, die mir die Kehle zuschnüren. Auf keinen Fall werde ich sie hier erzählen können. Ich ärgere mich, dass ich mich nicht besser im Griff hatte und alles für mich behalten habe. Ich bin so doof! Dumm, abstoßend, schmutzig und unendlich blöd!

Hin und her. Aufbäumen und zusammensinken. Schließlich fühle ich mich nur noch kraftlos. Viel zu schwach, um noch irgendetwas zu tun oder zu sagen. Kriminalkommissar Krause betrachtet mich und sagt dann: »Sollen wir eine Pause machen?« Ich nicke. Mehr geht nicht. Am liebsten hätte ich jetzt eine Pause für immer und von allem.

Während wir den Raum verlassen, werfe ich einen vorsichtigen Blick auf meinen verhörenden Polizisten. Nur aus den Augenwinkeln, einen direkten Blickkontakt vermeidend. Ich schäme mich zu sehr für das, was er nun von mir weiß, auch wenn er mir nicht das Gefühl gibt, dass ich mich schämen müsste. Er wirkt eher mitleidig besorgt als angewidert. Er behandelt mich wie ein rohes Ei, als er mich zu einer Sitzecke am Ende des Flurs begleitet – Berührungen vermeidend.

In meinem Inneren fahren meine Gefühle mit meinen Gedanken Achterbahn, ich bin völlig verwirrt. Aber eigentlich auch ein bisschen froh, dass Herr Krause nun nicht denkt, ich hätte zum Spaß als Callgirl gearbeitet.

Es war kein Spaß. Das war es nie. Es war eine Mischung aus Panik und Trotz, dass ich mich dort beworben habe. Ganz spontan, nachdem mein Stiefvater mich mal wieder beim Abspülen in der Küche »überrascht« hatte. Ich konnte seine Übergriffe nicht mehr ertragen!

Meinen Körper jemand anderem anzubieten, schien mir

damals die einzige Möglichkeit, von zu Hause ausbrechen zu können. Mein Vater lebte nicht mehr, zu anderen Verwandten hatte ich keinen Kontakt, meine Mutter konnte und wollte mir nicht helfen. Und etwas anderes hätte ich mir nicht vorstellen können. Zur Polizei zu gehen? Absurd. Niemals hätte ich mich das getraut. Ich hatte schon länger über solche Escort-Firmen nachgedacht. So könnte ich den Albtraum Zuhause schlagartig beenden. Ich hätte ganz schnell das Geld für Miete, Kaution, Möbel und Essen zusammen. Wie sonst sollte ich so schnell zu so viel Geld kommen?

Die Anmeldung ging ganz einfach im Internet. Hätte es mehr Mühe gekostet oder hätte ich erst auf einen Rückruf warten oder mich sogar persönlich vorstellen müssen, hätte ich es vermutlich nicht durchgezogen. Aber ich musste nur einen Online-Fragebogen ausfüllen. Beim Alter habe ich geschummelt. Schließlich war ich erst 17 – aber das war denen wohl zu egal, um es richtig zu kontrollieren. Sie wollten lediglich noch ein Foto von mir haben und dann wurden mir schon die ersten Kunden vermittelt. Männer, meistens verheiratet, die sich in irgendwelchen Hotelzimmern mit mir verabredeten, nachdem wir am Telefon geklärt hatten, in welchem Outfit ich erscheinen soll. Mädchenhaft? Kein Problem! Supersexy? Selbstverständlich! Strapse? Alles da! Für zwei Stunden mit mir zahlten die Männer 300 Euro. Einhundert davon musste ich anschließend als Vermittlungshonorar an die Agentur schicken. Das war's.

Natürlich war es jedes Mal anstrengend und kostete Überwindung, sich auf den Weg zu einer solchen Verabredung zu machen. Aber es war allemal besser, sich mit fremden Männern in Hotels zu treffen, als rund um die Uhr meinem Stiefvater ausgeliefert zu sein. Zu Hause wusste ich nie, wann es wieder passieren und wie weit es gehen würde. Dort lebte ich in ständiger Panik und unter Daueranspannung. Bei diesen organisierten Treffen wusste ich wenigstens, was passieren würde. Und ich war es ja gewohnt, meine Gefühle einzusperren und meinen Körper zur Verfügung zu stellen.

Morgens ging ich also in die Schule, nachmittags lernte ich fürs Abi und abends traf ich mich zwei- bis dreimal pro Woche mit irgendwelchen Männern oder mit meinen Freundinnen. Zwischendurch verbrachte ich so viel Zeit wie nur möglich bei meinen geliebten Pferden – zur Seelenpflege.

Meine Mutter meldete sich erst mal nicht bei mir. Wahrscheinlich aus Angst vor meinem Stiefvater. Zumindest hoffte ich das. Aber vielleicht war ich ihr auch egal oder sie war froh, dass ich endlich weg war. Nach einer Woche schrieb ich ihr dann eine kurze SMS, dass es mir gut ginge und ich ausgezogen sei. Sie fragte nicht einmal, wohin ... Und als ich meinen Bruder Alex anrief, der leider mal wieder wegen seiner Essstörung in einer Klinik war, um ihm von den Neuigkeiten zu erzählen, blieb er erst mal still. Und schließlich sagte er entschlossen: »Okay. Das mache ich auch. Sobald ich aus der Klinik entlassen werde, packe ich meine Sachen und bin weg.« Bei ihm passte das zeitlich natürlich ganz gut. Alex hatte seit dem Sommer das Abi in der Tasche und wollte eh weiter weg zum Studieren.

Ich dagegen hatte noch zweieinhalb Jahre Schule vor mir. Zweieinhalb Jahre Lernen, Reiterhof, Hotelzimmer. Es war – um es kurz zu sagen – eine schlimme Zeit. Ich fühlte mich grauenhaft, wenn ich mich abends mit widerwärtigen

Männern treffen musste. Als Ausgleich strengte ich mich in der Schule und beim Sport besonders an. Ich gewann einige wichtige Reitturniere und schaffte ein Einser-Abi. Meine Mutter dämmerte immer weiter in ihrem Alkohol-Sumpf vor sich hin und kam nicht mal zur Abi-Verleihung. Damit war sie wohl die einzige Mutter unseres Jahrgangs, die sich dieses Ereignis entgehen ließ. Es machte mich traurig, wie sich unser Verhältnis verändert hatte. Sie war früher immer so liebevoll gewesen – bis mein widerlicher Stiefvater damals zu uns kam, kaum dass mein Vater ausgezogen war. Mein Bruder und ich waren noch immer im Schockzustand darüber, dass unser Papa so plötzlich in einem Heim verschwunden war. Und was es noch schlimmer machte: Meine Mutter wollte nicht, dass wir weiterhin Kontakt zu ihm hielten, und verbot uns auch, ihn im Pflegeheim zu besuchen. Lediglich telefonieren durften wir. Oder besser: Das konnte sie uns nicht verbieten, das machten wir, wenn sie es nicht mitbekam. Jeder für sich. Und ich bestimmt viel häufiger als mein Bruder – ich war ein Papa-Kind.

Mein Vater fehlte mir sehr. Das Haus war unglaublich leer ohne ihn. Wann immer ich ihn anrief und weinte, versuchte er, mich zu trösten, und beteuerte, dass es im Heim besser für ihn sei. Das verstand ich nicht. »Aber ich kann mich doch um dich kümmern«, bettelte ich dann, woraufhin Papa mich beruhigen wollte: »Meine Große! Aber du musst doch zur Schule und Mama hat so viel im Betrieb zu tun.« Er war immer lieb und verständnisvoll. Immer. Kein einziges böses Wort über Mama.

Und dann wurde alles noch unvorstellbar viel schlimmer: An einem Wochenende kurz nach Papas Auszug sagte Mama geheimnisvoll: »Heute machen wir etwas ganz Besonderes.« Sie hatte sich ein schönes Kleid angezogen, die Haare geföhnt und roch stark nach Parfüm. Wie früher, wenn wir mit Papa zusammen zu irgendwelchen tollen Ausflügen aufgebrochen waren. Ich wunderte mich, weil ich Mama lange nicht mehr so erlebt hatte. Sie wirkte überdreht, und das passte so gar nicht zu meiner und Alex' Stimmung. Wir sahen uns irritiert an. Ohne ein Wort zu sagen, wussten wir, dass der andere dasselbe dachte. Anstatt uns über den angekündigten Ausflug zu freuen, waren wir schlagartig alarmiert und fühlten, dass etwas Merkwürdiges vor sich ging. Und so war es dann auch. Wir fuhren zu McDonald's und hatten uns gerade mit unseren Pommes, Burgern und Cola an einen Tisch gesetzt, als ein Mann quer durch das Restaurant auf uns zusteuerte. Er war klein und kräftig, trug einen hässlichen braunen Lederblouson und einen noch viel hässlicheren braunen Schnauzbart. Mama strahlte. Ich kannte ihn vom Sehen – er war auch auf Papas letzter Geburtstagsparty gewesen. Was wollte der hier?

Er gab Mama einen Kuss und setzte sich neben sie. Kein Wort über das, was wir nur aus ihren Gesten lesen konnten und aus Mamas Gekicher. Alex und ich sahen uns wieder an. Hilflos und ohne Worte. Aber Mama wirkte glücklich. Und dieser Mann vielleicht auch.

Kurz darauf zog er bei uns ein. In Mamas Schlafzimmer. Nicht ins Gästezimmer. Genauso plötzlich wie unser Vater verschwunden war ... Ich hätte gerne mit Papa darüber geredet, aber Mama wollte jetzt erst recht nicht mehr, dass wir Kontakt zu ihm hatten. Wir waren nun doch schließlich wieder eine richtige Familie, seit ER eingezogen war ...

Nur noch ganz selten traute ich mich, mit Papa zu telefonieren, weil ich immer Angst hatte, erwischt zu werden. Die Stimmung zu Hause wurde jeden Tag ungemütlicher: Wenn ich nachts schlecht träumte, durfte ich nicht mehr rüber ins Schlafzimmer kommen, weil ER das nicht wollte. Fernsehen durften wir morgens auch nicht mehr, ständig bekam mein Bruder richtig Ärger wegen irgendwelcher Kleinigkeiten, sodass er sich bald kaum mehr aus seinem Zimmer wagte, wenn Mamas neuer Freund da war. Glücklicherweise war er Fernfahrer und öfter für mehrere Tage unterwegs. Auch wenn ER zu mir nett war und mir regelmäßig irgendwelche kleinen Geschenke von seinen Fahrten mitbrachte, mochte ich ihn nicht. Er war mir unheimlich, ich fand es schlimm, wie er mit meinem Bruder umging, und ich dachte sehnsüchtig an die Zeit, in der wir mit Papa so viel in unserem Haus gelacht hatten. Gelacht wurde kaum noch.

»Können wir weitermachen?« Die Männerstimme reißt mich aus meinen Gedanken. Vor mir steht Martin Krause, mein zuständiger Ermittler. Ich kann gar nicht sagen, wie lange ich hier auf dem Gang gesessen habe. Ich kann gar nichts sagen. Deshalb zucke ich nur mit den Schultern, stehe dann aber auf, um ihm zu folgen.

Krause: »Geht es Ihnen wieder besser und fühlen Sie sich in der Lage weiterzumachen?«
Ich: »Ja.«
Krause: »Gut. Wenn Sie noch mal eine Pause brauchen, dann sagen Sie das gerne. Das ist kein Problem.«
Ich: Kopfnicken.

Krause: »Möchten Sie jetzt etwas zu dem Verhältnis zu Ihrem Stiefvater sagen?«
Ich: Schweigen
Krause: »Haben Sie sich gut verstanden?«
Ich: Schweigen
Krause: »Fühlen Sie sich in der Lage, noch weiterzumachen?«
Ich: Kopfschütteln
Krause: »Es ist in Ordnung. Ich sehe das ja auch, wie es Ihnen geht.«
Auszug aus dem Vernehmungsprotokoll, 17. Juni 2011, 11:02 Uhr

2. Forum für Missbrauchsopfer

»Es ist sehr wichtig, dass man Missbrauchsopfern bedingungslos glaubt! Es ist für viele Opfer eine zusätzliche Belastung, dass sie Angst davor haben, dass ihnen niemand glauben könnte, was sie erlebt haben. Je größer das Vertrauen und die Wertschätzung den Opfern gegenüber sind, desto besser sind die Heilverläufe.«

Christian Luedke, Psychotherapeut

Ich fühle mich furchtbar. Seit der Vernehmung ist alles wieder total präsent: die Angst vor meinem Stiefvater, die Sorge um meine Mutter, meine Schuld- und Ekelgefühle. Alles.

Schon am Nachmittag nach der Vernehmung rufe ich bei Herrn Krause an und bitte ihn, die Anzeige zurückzuziehen: »Bitte, ich schaffe das nicht! Ich will das nicht!«

Doch er erklärt mir, dass das nun nicht mehr möglich wäre: »Ich verstehe Sie ja. Aber das ist nun auf den Weg gebracht, da können wir nichts mehr machen. Glauben Sie mir: Es war die richtige Entscheidung. Sie sind nun endlich aus der Opferrolle ausgebrochen. Das ist gut so!«

Gut so? Der hat gut reden! Für ihn und seine Statistik ist das vielleicht gut. Für mich ist es ein Albtraum. Aber das sage ich nicht. Ich sage gar nichts mehr. Stattdessen redet er: »Haben Sie sich schon beim Weißen Ring gemeldet? Die helfen Ihnen bei der Suche nach einem Anwalt. Oder soll ich das für Sie machen und die melden sich dann bei Ihnen? Ach, und ich habe mal geschaut. Wir könnten die Vernehmung in drei Tagen fortsetzen. Am Montag, den 20.? Gegen zwei?«

Und weil ich nicht antworte, hakt er noch einmal nach: »Sie kommen?«

Leise sage ich: »Ja.«

Er will mich noch aufmuntern, aber ich breche das Gespräch ab und lege auf. Mir wird bewusst, dass es nun kein Zurück mehr gibt. Nun kommt alles raus. Diese Erkenntnis bricht auf mich ein, schmeißt mich um und vergräbt mich. Ich brauche Hilfe! Und zwar schnell! Alleine schaffe ich das nicht.

Glücklicherweise scheint Herr Krause das geahnt zu haben. Er hat sich umgehend für mich eingesetzt, denn nur wenige Minuten, nachdem wir aufgelegt haben, klingelt mein Telefon und es meldet sich eine nette Dame vom Weißen Ring. Wie eine Ertrinkende greife ich nach allem, was mich retten könnte.

Als ich die ruhige Frauenstimme höre, kann ich kaum sprechen. Ich flüstere in den Hörer, erzähle von meinem Tag, meiner Aussage bei der Polizei und dass man die Anzeige nun nicht mehr zurückziehen kann. Die Frau vom Weißen Ring scheint das zu kennen: »Jetzt, wo die Polizei Kenntnis hat, müssen die Beamten auch ermitteln. Aber so schwer Ihnen das nun fällt, erfahrungsgemäß ist das der erste Schritt der Opfer, das Geschehene zu verarbeiten.«

Die Frau ist nett, aber ich fühle mich nicht verstanden.

Ich spüre, dass sie nicht fühlt, was ich fühle. Und das enttäuscht mich. Obwohl das natürlich ungerecht ist, hatte ich irgendwie auf ein Wunder gehofft, darauf, dass sie Sachen sagt, die mich beruhigen, die mir Zuversicht geben, irgendetwas. Stattdessen gibt sie mir nur die Nummer eines Anwalts: »Der kennt sich mit Geschichten wie Ihrer aus und wird Sie gut vertreten. Melden Sie sich, wenn ich sonst noch etwas für Sie tun kann.« Dann legen wir auf.

Voller Hoffnung, dass nun der Anwalt der ist, der mich rettet, der mir seinen Arm reicht und mir Halt gibt, rufe ich sofort bei ihm an. Aber er wirkt noch viel unbeholfener als die liebe Frau vom Weißen Ring. Unsicher stammelt er am Telefon herum. Letztendlich vereinbaren wir nur einen Termin und er verspricht, mich zur nächsten Polizeivernehmung zu begleiten. Noch ein Zuhörer mehr! Als wir unser Gespräch beenden, gerate ich in Panik. Meine Ohren werden wieder wie taub und mein Gehirn dreht sich. Oder dreht sich das Zimmer? Was habe ich getan? Warum habe ich das nicht einfach ruhen lassen? Ich war doch ausgezogen, seitdem hatte er mich meist in Frieden gelassen. Warum musste ich das nun alles aufwirbeln?

Ich werde wie in einen Strudel gezogen und verliere die Kontrolle über mich. Ganz plötzlich halte ich ein Küchenmesser in der Hand. Mein größtes. Mit der schärfsten Klinge. Die Welt droht, mich zu zerquetschen. Ich bekomme kaum noch Luft. Die Gefühle in mir blähen sich auf. All der Schmerz, die Wut, die Hoffnungslosigkeit. Ich kann nichts mehr sehen oder hören. Die Tränen schmerzen in meinen Augen. Mir ist alles zu viel. Alles tut unendlich weh. Nur mein Körper ist taub. Und dann bohre ich das Messer in meinen Schenkel. Ganz tief. Bis der Druck im Kopf nachlässt. Allmählich kann ich wieder hören, mein Gehirn hört auf, sich zu drehen, und ich sehe, wie das warme Blut aus meinem Bein strömt. Nun werde ich wieder ganz klar. Schnell hole ich mir ein Handtuch aus dem Bad, um es auf die Wunde zu drücken. Dann wische ich den blutbefleckten Boden auf. Mein Bein schmerzt. Und es hört nicht auf zu bluten. Aber der Schmerz tut mir gut. Er ist stärker als der Schmerz meiner Gefühle.

Ich genieße die Ruhe in diesen Momenten. Auch wenn es vielleicht absurd klingt, aber durch die Selbstverletzung lässt die seelische Anspannung nach. Als könnte man sie einfach ablaufen lassen, wenn man ein Ventil öffnet ... Es ist nicht das erste Mal, dass ich mich so stark verletze. Deshalb erkenne ich schnell, dass die Wunde zu tief ist, um alleine zu heilen, und ich ins Krankenhaus fahren sollte, um sie nähen zu lassen. Mit dem Handtuch auf mein Bein gedrückt humpele ich zum Auto. Ich denke nicht mal darüber nach, ob ich vielleicht nicht in der Lage sein könnte zu fahren. Es interessiert mich auch nicht. Wie oft bin ich schon Auto gefahren und habe darüber nachgedacht, dass ich jetzt einfach gegen den Brückenpfeiler lenken könnte ... Dann wäre endlich Ruhe. Leben fällt mir schwer.

Die in der Klinik wissen natürlich sofort, was los ist. Zumal mein Bein mit dicken Narben übersät ist. Deshalb fragen sie auch gar nicht viel, aber ich bilde mir ein zu sehen, wie sie sich vielsagende Blicke zuwerfen: *Wieder so eine ...* Der Arzt fragt sachlich, ob ich in der psychiatrischen Ambulanz vorbeischauen möchte. »Nein danke!«, antworte ich. Das war's. Ich schäme mich vor den ganzen Kittelträgern und vermeide es, ihnen ins Gesicht zu sehen. Ich will mich nicht an sie erinnern und sie sollen sich nicht an mich erinnern. Nachdem sie meine Wunde genäht haben, lassen sie mich wissen, dass ich nun gehen könnte, wenn ich mich stark genug fühle. Ich fühle mich für nichts stark genug. Trotzdem gehe ich.

Draußen ist es mittlerweile dunkel. Es tut gut, aus dem grellen künstlichen Krankenhauslicht in die Dunkelheit zu laufen. Der Abend ist lau. Eigentlich ein schöner Abend.

Auf dem Weg zurück zum Auto weine ich. Die Tränen laufen einfach so über mein Gesicht. Ich fühle mich noch nicht mal besonders traurig. Natürlich auch nicht glücklich. Eigentlich fühle ich mich einfach gar nicht. Die Tränen scheinen ein Eigenleben zu führen. Warum kann ich nicht ganz normal sein? Unbeschwert und fröhlich, mit meinem Aussehen und der nächsten Party beschäftigt. Eben glücklich. Stattdessen bin ich ein Wrack. Nicht nur, dass die frisch genähte Wunde schmerzt. Ich bin seelisch kaputt, mit einer kaputten Familie, einer kaputten Vergangenheit und wahrscheinlich auch einer kaputten Zukunft. Dabei träume auch ich von einer glücklichen Zukunft mit einem liebevollen Ehemann und süßen Kindern. Aber wenn ich ehrlich bin, kann ich mir kaum vorstellen, jemals so leben zu können. Ich wäre schon froh, wenn ich wenigstens das mit den Selbstverletzungen in den Griff bekommen würde. Ich will mich nie wieder aufschneiden! Oder zumindest nicht so, dass ich ins Krankenhaus muss. Das wäre ja schon mal ein Anfang. Vielleicht kann ich mir das für meine Zukunft vornehmen: Ich will nie mehr ins Krankenhaus wegen einer selbst zugefügten Wunde!

Natürlich habe ich schon darüber nachgedacht, zu einer Psychotherapeutin zu gehen. Aber mir graut davor, das alles wieder und wieder erzählen zu müssen. Und was soll das auch bringen? Warum sollte es mir besser gehen, nur weil ich mit irgendeiner Psycho-Tante darüber rede? Es gibt keine Garantie, dass sich irgendetwas ändert. Und dann lasse ich lieber alles so, wie es ist. Immerhin komme ich so wenigstens einigermaßen gut durchs Leben. Ich bin zwar nicht glücklich, aber zumindest alltagstauglich.

Als ich zu Hause ankomme, fühle ich mich plötzlich unerträglich einsam. Mein Vater ist tot, meine Mutter gegen mich, mein Bruder zieht sich zurück, meine Freundinnen wissen nichts von meinen Problemen. Ich muss jemanden finden, der versteht, wie es mir geht, jemanden, der eine ähnliche Lebensgeschichte hat. Deshalb schnappe ich mir meinen Laptop, setze ich mich aufs Sofa und beginne zu googeln: nach »Missbrauch und Anzeige«, nach »Leben nach dem Missbrauch« und nach »Stiefvater und Missbrauch«. Ich werde von den vielen Treffern fast erschlagen. Gibt es so viele, denen dasselbe angetan wurde? Ich habe mal gehört, dass jedes vierte Mädchen missbraucht wird. Wenn das stimmt, sind wir tatsächlich viele. Dann wäre es sogar wahrscheinlich, dass ich viele kenne mit einer ähnlichen Geschichte. Aber vermutlich schweigen die genau wie ich und trauen sich nur hier – im anonymen Internet –, sich zu öffnen. Ich melde mich in einem Forum an und schreibe:

»Hallo, ich weiß nicht genau, ob es richtig ist, wenn ich hier schreibe. Ist ja doch recht öffentlich. Und alles noch so neu. Und ich weiß auch nicht, ob ich es schaffe. Oder hinterher bereue. Aber im Moment bin ich so verwirrt, durcheinander.

Fertig.
Weiß nicht mehr, was richtig ist. Und wie es weitergehen soll.
Gerade kam meine Geschichte raus. Oder sagen wir so: Bruchstücke davon. Nach mehreren Halb-Zusammenbrüchen auf der Arbeit. Dann ging alles so schnell. Habe es mehr wie in Trance erlebt. Plötzlich saß ich bei der Polizei zur Video-Vernehmung.«
Eintrag in einem Missbrauchs-Forum, 17. Juni 2011, 22:30 Uhr

Während ich das schreibe, habe ich das Gefühl, jemand würde sich auf meinen Brustkorb setzen. Ich bekomme keine Luft. Ich habe ohnehin nie das Gefühl, so richtig tief atmen zu können. Immer fühle ich mich begrenzt, bedrängt, bedrückt. Aber jetzt ist mein Brustkorb wie eingequetscht. Meine Augen schmerzen. Ich glaube, sie möchten schon wieder weinen.

Wie hat das jemals ein Mädchen oder eine Frau ertragen können? All das erzählen zu müssen. Immer und immer wieder. Den Polizeibeamten. Dem Rechtsanwalt. Dem Staatsanwalt. Aufgewühlt starre ich auf meinen Text. Jetzt steht er da, jeder kann ihn lesen. Zumindest jeder, der in diesem Forum angemeldet ist – und das sind vermutlich hauptsächlich Frauen, die selbst missbraucht wurden. Zum ersten Mal will ich Menschen um mich wissen, denen dasselbe passiert ist wie mir, die dasselbe fühlen wie ich: den Schmerz, die Schuld, die Scham. Kurz flammt das Gefühl auf, mich nicht mehr so alleine fühlen zu müssen – als abstoßende, schmutzige Außerirdische, die sich immer klammheimlich unter die sauberen Einheimischen mischt und so tut, als wäre sie eine von ihnen ...

Nach nur fünf Minuten kommt die erste Antwort. Mein Herz klopft mir gefühlt bis zu den Ohren, als ich sie lese:

»Suche dir vor allem jemanden, der dich unterstützen kann. Das, was jetzt kommt, wird sehr anstrengend für dich und wird alles noch einmal aufwühlen. Ich war froh, als es endlich vorbei war. Ich wünsche dir ganz viel Kraft, das durchzustehen. Bine«
Missbrauchs-Forum, 17. Juni 2011, 22:35 Uhr

Obwohl ich diese Bine nicht kenne und nichts über sie weiß, bin ich froh, dass sie mir schreibt. Endlich jemand, mit dem ich mich austauschen kann. Ganz anonym. Wir könnten morgen im Supermarkt nebeneinanderstehen und wüssten nicht, was wir voneinander wissen. Das macht mich mutig, ehrlich zu sein:

»Liebe Bine, darf ich fragen, wie du es geschafft hast? Hast du es währenddessen bereut? Ich habe in meinem Umfeld keinen, der es weiß. Dieses Versteckspiel zerreißt mich. Hatte Kontakt zum Weißen Ring, die mir einen Anwalt vermittelt haben. Aber dieser weiß auch nur so wenig. Bin nicht in der Lage, mich zu öffnen ... Möchte mich verkriechen. Es alles verdrängen. Vergessen. Nie wieder Dinge davon aussprechen müssen. Und das alles nur wegen einem Moment der Schwäche ...«
Missbrauchs-Forum, 17. Juni 2011, 22:47 Uhr

Ich stehe auf, um mir etwas zu trinken aus der Küche zu holen. Mein Bein schmerzt bei jedem Schritt. Gut, dass morgen Wochenende ist und ich nicht zur Arbeit muss. Meine Freundinnen sind heute nach Köln gefahren, um dort auszugehen. Bonn ist ihnen zu langweilig. »Bundesstadt ohne nennenswertes Nachtleben«, sagen sie immer. Ich wünschte, ich hätte ihre Leichtigkeit. Stattdessen sitze ich vorm Rechner und schreibe mir mit anderen Frauen, die ebenfalls am Freitagabend mit ihrer Geschichte hadern, anstatt ihr Leben zu genießen.

Die nächsten Antworten:

»Vielleicht kannst du die Sachen einfach aufschreiben? Das Geschriebene könntest du dann deinem Anwalt geben. So habe ich es immer gemacht. Der Weiße Ring hat mir auch geholfen. Ganz wichtig ist, dass du immer jemanden hast, der dich begleitet. Ich wünsche dir alles Gute, ich weiß, wie schwer das ist.«
Missbrauchs-Forum, 17. Juni 2011, 22:56 Uhr

»Irgendwie habe ich das Ganze durchgehalten. Aber als es vorbei war, bin ich zusammengebrochen. Es tut mir leid, das macht nicht gerade Mut, aber ich sage dir lieber ehrlich, wie es war.«
Missbrauchs-Forum, 17. Juni 2011, 23:07 Uhr

»Ich kann gerade nichts schreiben. Aber ich fühle mit dir.«
Missbrauchs-Forum, 17. Juni 2011, 23:19 Uhr

Die vielen Antworten überwältigen mich. Irgendwie fangen sie mich auf. Auch wenn es meist deprimierend ist, was die anderen schreiben. Aber sie geben mir das Gefühl, nicht alleine zu sein auf der Welt. Gerührt schreibe ich:

»Vielen Dank für eure lieben Antworten. Bin froh, dass sie so ehrlich sind. Im Moment habe ich das Gefühl, daran zu zerbrechen. An den Gedanken und Gefühlen. An dem Druck. Versuche, auf mich zu achten. Aber wenn einem alles aus der Hand läuft. Oder genommen wird. Fühle mich völlig hilflos. Bewundere alle, die es geschafft haben.«
Missbrauchs-Forum, 17. Juni 2011, 23:25 Uhr

Dann gehe ich schlafen. Zumindest lege ich mich ins Bett. Schlafen kann ich nicht. Mir schießen Bilder von meinem Stiefvater in den Kopf. Ich erinnere mich daran, wie ich früher immer in meinem Bett gelegen habe und Angst hatte, ER könnte zu mir ins Zimmer kommen. Wenn ich seine schweren Schritte auf der Treppe gehört habe, habe ich die Luft angehalten. Schlagartig war ich hellwach, habe ganz intensiv riechen, hören und sehen können. In meiner Erinnerung erkenne ich trotz Dunkelheit deutlich die Umrisse der Tür. Bitte, lass sie nicht aufgehen! Bitte, lass sie zubleiben! Und wenn seine Schritte dann in Richtung Zimmer meines Bruders abbogen, war ich erleichtert. Gleichzeitig habe ich mich für mein Aufatmen geschämt. Ich wusste, dass nun Alex dran war. Denn: Seine Wut an meinem Bruder auszulassen, war wahrscheinlich seine zweitliebste Beschäftigung. Regelmäßig hat er Alex verprügelt. Bei nichtigen Anlässen. Etwa weil er sein Glas nicht gleich nach dem Benutzen in die Spülmaschine gestellt hat. Oder weil er vergessen hat, seine Jacke aufzuhängen. Oder weil er zwei Minuten zu spät nach Hause kam. Oder auch, wenn ich es gewagt hatte, nur einen Hauch von Widerstand gegen ihn zu leisten. Dann hat er erst seinen Ärger an mir ausgelassen und ist anschließend direkt aus meinem Zimmer rüber zu Alex. Manchmal habe ich auch meinen Bruder schützen wollen, indem ich einfach getan habe, was er wollte. Wie oft hatte ich Angst, er könnte mich oder Alex irgendwann totschlagen.

Heute frage ich mich, ob mein Bruder vielleicht mit denselben Gedanken in seinem Bett lag, ob er genauso auf die Schritte gelauscht hat und gehofft hat: Bitte, lass ihn zu Anna abbiegen! Was für eine schreckliche Vorstellung!

Bei Alex lief zwar fast immer laute Musik, aber trotzdem kann ich mir nicht vorstellen, dass er nicht wusste, was unser Stiefvater mir antat. Er wusste wahrscheinlich genauso wenig wie ich, was man dagegen tun konnte. Ich vermute, das ist auch der Grund, warum Alex und ich heute kaum noch Kontakt miteinander haben, obwohl wir uns als Kinder gut verstanden haben. Vielleicht schämen wir uns zu sehr voreinander ...

Wir haben beide sehr unter unserem Stiefvater gelitten. Und leiden noch heute.

Mein Bruder rutschte schon früh in eine Essstörung und verbrachte dementsprechend viel Zeit in irgendwelchen Kliniken. Dann war ich nicht nur für die sexuelle Befriedigung, sondern auch fürs Wutablassen zuständig. Manchmal hat er mich geschlagen, bis ich bewusstlos war.

Zum ersten Mal etwa ein halbes Jahr nach seinem Einzug. Ich weiß gar nicht mehr, warum. Irgendetwas wollte ich nicht machen. Irgendetwas ganz Banales. Mein Stiefvater hat mich dann hoch in mein Zimmer gezerrt und mich dort verprügelt. Er ist wie ein wildes Tier über mich hergefallen und hat auf alles eingeschlagen, was er erwischt hat. Ich konnte mich nicht schützen, ich hatte keine Chance. Ich habe mich nur noch zusammengerollt und gewartet, dass es aufhört. Am nächsten Tag tat mir mein ganzer Körper weh. Im Badezimmer habe ich gesehen, dass ich überall blaue Flecken hatte und fürchterlich aussah. Meine Mutter hat mich dann nur in der Schule abgemeldet und sonst überhaupt nicht reagiert.

Mein Stiefvater war ein Monster.

Unsere Mutter litt genauso unter ihm. Die beiden waren noch gar nicht lange zusammen – vielleicht ein Jahr –, als ich morgens die Treppe hinunterkam und meine Mutter mit einem blauen Auge am Küchentisch saß. Ich habe sie erstaunt angesehen: »Was ist dir denn passiert?« Sie begann eilig, ihre Kaffeetasse auszuspülen, während sie nuschelte: »Bin gegen einen Schrank gelaufen.« Nie im Leben! Ich wusste sofort, dass das nicht stimmte. Es war ganz offensichtlich, dass sie sich schämte. Außerdem sah sie völlig fertig aus. Ich war geschockt. Er schlug also auch sie.

Etwa zur gleichen Zeit fing unsere Mutter an zu trinken. Früher war sie morgens immer mit uns aufgestanden, wenn wir zur Schule mussten, um uns Frühstück zu machen und uns zu verabschieden. Jetzt lag sie morgens nur noch im Wohnzimmer auf dem Sofa, als wir hinunterkamen – umringt von irgendwelchen Flaschen: Sekt, Wein, alles Mögliche.

Früher holte sie mich regelmäßig vom Reittraining ab, weil der Stall im Grünen am Rande von Bonn lag. Aber dann hat sie eines Tages dort angerufen und gesagt, dass sie nicht mehr fahren könne, und ich musste im Halbdunkel nach Hause laufen. Als ich dort ankam, lag sie im Flur. Erst habe ich einen Riesenschreck bekommen, weil ich Angst hatte, sie könnte tot sein. Aber dann habe ich gemerkt, dass sie einfach sturzbetrunken war. Von da an bin ich immer mit dem Fahrrad zum Reiten gefahren.

Zu Hause fühlte ich mich nur noch verloren. Wir alle sprachen kaum miteinander. Mein Bruder Alex und ich verbrachten die meiste Zeit in unseren Zimmern. Es war schrecklich. Vor allem, wenn man bedenkt, wie anders es war, als mein Vater noch bei uns lebte. Um ihn nicht zu beunruhigen, erzählte ich ihm in unseren Gesprächen immer nur von den schönen Dingen: von meinen guten Noten in der Schule, den Pferden, meinen Reiterfolgen ... Sein Leben war doch eh nicht so schön. Warum sollte ich ihn noch unglücklicher machen? Helfen hätte er uns sowieso nicht können. Niemand konnte uns helfen. Mein Bruder und ich versuchten, uns mit der Situation zu arrangieren. Das hieß: Alex versuchte, meinem Stiefvater möglichst aus dem Weg zu gehen – ohnehin verbrachte er schon recht bald nach dessen Einzug viel Zeit in irgendwelchen Kliniken für Essgestörte. Und ich flüchtete mich, so oft es ging, zu meinen geliebten Pferden in den Stall.

Dann kam der nächste Schock. Meine Mutter wollte unseren Stiefvater heiraten. Nun wussten wir auch, warum sie sich so schnell von Papa scheiden lassen wollte – kaum, dass ihr gesetzlich vorgeschriebenes Trennungsjahr um war! Sie hat uns sogar gefragt, ob wir nicht den Namen ihres Mannes annehmen wollten, aber da haben wir endlich einmal richtig laut Nein! gesagt. Alex und ich waren uns sofort einig. Schlimm genug, dass dieser Mann bei uns wohnte, auf gar keinen Fall wollten wir auch noch so heißen wie er!

Während der Hochzeitsvorbereitungen ist meine Mutter wieder richtig aufgeblüht. Sie wurde beinahe wieder so lebhaft und fröhlich wie früher. In ihrer Hochzeitsvorfreude kaufte sie mir ein schönes gelbes Kleid mit Blumen darauf. »Gefällt es dir, gefällt es dir?«, fragte sie mich immer wieder. Klar war das Kleid schön. Ich würde es trotzdem nicht anziehen.

Am Morgen vor der Trauung war es – wie wahrscheinlich immer bei solchen Anlässen – ziemlich hektisch im Haus. Jeder war mit sich beschäftigt. Und als wir dann endlich zum Standesamt aufbrechen wollten, kam ich mit meinen ganz normalen Klamotten – in Jeans und T-Shirt – die Treppe hinunter. Meine Mutter starrte mich zuerst fassungslos an. Dann kreischte sie beinahe: »Anna, zieh dich sofort um.«

»Das gelbe Kleid ist zu kalt«, habe ich geantwortet.

Kein Argument, das meine Mutter durchgehen lassen wollte: »Dann ziehst du eben eine Jacke drüber.«

Ich nahm all meinen Mut zusammen: »Entweder so oder gar nicht.« Um meine Aussage zu unterstreichen, verschränkte ich meine Arme und sah ihr entschlossen ins Gesicht. Aus den Augenwinkeln nahm ich das gefährliche Blitzen in den Augen meines Stiefvaters wahr. Aber er sagte nichts. Und meine Mutter hatte keinen Nerv, die Diskussion fortzusetzen: »Okay, dann jetzt aber los.«

Mein Bruder sah mich fast bewundernd an, als wir kurz darauf gemeinsam ins Auto stiegen. Und ich bemühte mich zu verdrängen, was mich am Abend zu Hause erwarten würde ...

Die Erinnerungen an damals lassen mich nicht los. In der Nacht nach meiner ersten Vernehmung schlafe ich so gut wie gar nicht. Ständig wache ich auf und dann krachen mir alle Gedanken ins Bewusstsein: die Anzeige! Der Polizist! Der Anwalt! Meine Mutter!!! Erinnerungen an meinen Stiefvater mischen sich dazwischen. Von seinem verzerrten Gesicht. Seinem Schnaufen. Erinnerungen an Dinge, die er mir angetan hat. Schreckliche Erinnerungen. Mir wird schlecht. Ich spüre wieder den Schmerz. Den Schrecken. Die Angst. Mein Herz pocht wie verrückt. Es fällt mir schwer, wieder einzuschlafen. Je wacher ich werde, desto klarer werden meine Gedanken: Ob meine Mutter schon von meiner Anzeige weiß? Ob die Polizisten gestern gleich zu ihr gefahren sind? Jetzt werde ich panisch. Das wird sie mir nie verzeihen. Auch wenn der Typ sie schlägt und mies behandelt, auch wenn sie weiß, was er ihren Kindern angetan hat – sie wird mir nie verzeihen, dass ich ihn angezeigt habe. Ich schließe die Augen, versuche, mich wegzudenken, um wieder einzuschlafen, aber es gelingt mir nicht: Mein Herz schlägt zu heftig, mein Blut strömt zu laut, zu viele Bilder tauchen auf. Ich habe Angst vor neuen Bildern. Vor schlimmeren Bildern. Ich beschließe aufzustehen. Draußen ist es noch dunkel.

Weil ich nicht weiß, was ich tun soll, klappe ich meinen Laptop auf. Vielleicht haben mir noch weitere Betroffene geschrieben. Und tatsächlich:

»Auch ich bewundere alle, die es geschafft haben. Ich gehöre leider nicht dazu. Leider habe ich mich nie getraut anzuzeigen. Jetzt im Nachhinein finde ich das auch okay so. Dir wünsche ich viel Kraft und eine gute Unterstützung!«
Missbrauchs-Forum, 18. Juni 2011, 0:25 Uhr

»Kannst du dir nicht doch eine therapeutische Unterstützung suchen? Dir wird es sicher oft nicht gut gehen und dann kannst du eine Hilfe gut gebrauchen. Tut mir sehr leid, wie es dir geht.«
Missbrauchs-Forum, 18. Juni 2011, 0:51 Uhr

»Darf ich fragen, warum du Anzeige erstattet hast? War es freiwillig oder bist du dazu gedrängt worden? Ich habe das Ganze endlich hinter mir. Es war hart. Zwischendurch habe ich immer wieder geglaubt, es nicht zu schaffen. Deshalb war mein Anwalt bei allen Vernehmungen dabei. Und wenn ich es nicht ausspre-

chen konnte, habe ich es eben aufgeschrieben. Das konnte auch verwendet werden. Und zwischendurch hat mein Arzt mir ein Attest geschrieben, dass ich nicht vernehmungsfähig bin. Es war eine Qual. Und letztlich ist das Verfahren nach zwei Jahren einfach eingestellt worden.«
Missbrauchs-Forum, 18. Juni 2011, 1:03 Uhr

»Bei mir hat das Ganze sieben (!) Jahre gedauert. Aber keine Angst: Manchmal geht es auch schneller. Ich habe es geschafft – oder besser: überlebt. Früher hätte ich jedem geraten, Anzeige zu erstatten. Heute weiß ich nicht, was besser ist. Viele Menschen werden dir nicht glauben. Der eine Täter hat drei Jahre bekommen, beim zweiten ist das Verfahren gerade eingestellt worden. Damit komme ich überhaupt nicht klar. So was sollte man nur machen, wenn man sehr stabil ist.«
Missbrauchs-Forum, 18. Juni 2011, 1:06 Uhr

Großartig. Das liest sich alles gar nicht gut. Ich war ja ohnehin schon völlig mutlos und überfordert. Jetzt weiß ich gar nicht mehr, wie ich meine Gefühle beschreiben soll. Ich möchte einfach nicht mehr da sein. Nachdem ich diese Nachrichten gelesen habe, bin ich mir sicher, es nicht durchhalten zu können. Mir fehlt ja schon jetzt die Kraft. Dabei ist es noch gar nicht richtig losgegangen. Während ich atemlos vor mich hin starre, spüre ich, wie mir schon wieder Tränen über das Gesicht kullern. Sie tropfen auf die Tastatur. Egal. Ich schreibe:

»Das tut mir so leid. Nach zwei Jahren ist das Verfahren eingestellt worden? Das kann doch nicht sein! Das ist so ungerecht. Deine ganze Kraft. Es tut mir unendlich leid und weh. Hab da

auch so wahnsinnig Angst vor. Habe niemanden, mit dem ich darüber reden kann oder will. In meinem privaten Umfeld. Ich könnte nicht damit leben, wenn es rauskommt. Ich will das einfach nicht. Hab doch so schon ständig Angst, das Gefühl, dass jeder es mir ansehen kann ... Mein Arbeitgeber weiß ansatzweise was und natürlich ist er keine Option zum Reden. Ich habe Angst, mein Leben in fremde Hände zu geben. Wenn man weiß, wozu Menschen fähig sein können. Wie soll das gehen?«
Missbrauchs-Forum, 18. Juni 2011, 3:42 Uhr

Wenig später steige ich auf mein Fahrrad. Ich muss mich jetzt bewegen, muss den kühlen Morgenwind spüren. Ich fahre am Rhein entlang, genieße dieses ständige Fließen des Wassers.

Um diese Zeit ist es hier noch menschenleer. Die Dämmerung taucht die Landschaft in ein besonderes Licht. Ich glaube sofort, dass Siegfried hier gegen den Drachen gekämpft hat – diese Gegend hat etwas Märchenhaftes. Noch ein letzter Blick zum Rhein, dann biege ich nach rechts in Richtung Reitstall ab. Es geht bergauf und das ist ziemlich anstrengend. Schnaufend komme ich am Stall an, wo ich mich seit mehreren Jahren um die Pferde kümmere. Mehr aus Leidenschaft als des Geldes wegen. Tatsächlich würde ich fast dafür zahlen, hierherkommen zu dürfen. Es gibt kaum etwas, das mich so gut ablenkt. Sobald die Pferde meine Schritte hören, drehen sie ihren Kopf in meine Richtung und schnauben mir freundlich entgegen. Sie erkennen mich schon am Gang. Obwohl das jedes Mal so ist, freue ich mich darüber. Jeden Tag aufs Neue. Ohne das Reiten gäbe es vermutlich gar nichts, was mich am Leben hält. Reiten erinnert mich daran, dass Leben auch Spaß machen kann. Dann fühle ich mich so frei und glücklich wie sonst nie. Wenn ich im Galopp über den Parcours fliege, bin ich ganz leicht und frei von allen Erinnerungen und bösen Gedanken. Wenn ich die großen, prächtigen Tiere streichele und ihre Wärme und Kraft spüre, habe ich ein wenig das Gefühl, dass ich mich wieder mit Energie auflade.

Das war schon immer so. Als es bei meinen Freundinnen Kerry und Sophia mit den ersten ernsteren Beziehungen und Partys losging, konnte ich nichts damit anfangen. Jeden Versuch eines Jungen, mit mir Kontakt aufzunehmen, habe ich eisern abgeblockt. Ins Kino gehen, Eis essen – ich wollte von alledem nichts wissen! Denn dann hätte ich den Jungen auch irgendwann anfassen oder mich anfassen lassen müssen und da wurde mir schon bei dem Gedanken ganz übel. Meine Freundinnen haben das nie verstanden. Klar, sie wissen ja auch nicht, was mit mir los ist. Und wenn sie dann diesen oder jenen Jungen gut fanden, haben sie zu mir immer gesagt: »Du heiratest bestimmt mal ein Pferd.« Und ich habe nur gelacht.

Obwohl ich noch immer wirklich selten abends mit ihnen ausgehe, rufen meine Mädels jedes Wochenende an und versuchen, mich zu überreden.

Nachdem ich den ganzen Tag im Stall gewurschtelt habe, sehe ich auch heute auf meinem Handy-Display, dass sie am Nachmittag schon mehrmals angerufen haben. Ich wähle Kerrys Nummer: »Bitte, Anna. Raff dich mal auf und komm mit!«, bettelt meine quirlige Freundin am Telefon.

Ich kenne sie schon seit etwa zehn Jahren. Wir haben uns über eine gemeinsame Reitfreundin kennengelernt und uns auf Anhieb gut verstanden. »Ich bin noch im Stall und werde bestimmt noch bis 22 Uhr bleiben«, wimmele ich sie ab – mal wieder – und wundere mich in dem Moment selbst, dass meine Freundinnen sich trotzdem weiterhin melden. Und dann spüre ich das warme Gefühl der Freude über meine Mädels: Sie sind wirklich treu und anhänglich. Umso schlechter fühle ich mich, dass ich ihnen noch nie erzählt habe, was wirklich mit mir los ist. Ich habe Angst, dass sie sich dann vor mir ekeln könnten. Und ich habe Angst vor ihren Fragen, vor allem vor der »Warum hast du dich denn nicht gewehrt?«-Frage. Schon mehrmals habe ich darüber nachgedacht, es ihnen zu sagen, aber dann hat mir doch der Mut gefehlt.

»Schade«, sagt Kerry nun am anderen Ende der Leitung. »Dann besuche ich dich eben morgen im Stall. Ich frage auch Sophia, ob sie mitkommt. Sie zieht ja schon bald weg und möchte dich sicher noch ein bisschen sehen.« Dann legen wir auf. Als ich das Klicken höre, fühle ich mich plötzlich doch traurig, weil ich abgesagt habe. Wie gerne wäre ich eine ganz normale junge Frau, die ihr Leben genießt und am Wochenende abends feiert und morgens irgendwo ins Café zum Frühstücken fährt!

Stattdessen fahre ich auch am Sonntag gleich früh in den Stall und freue mich, als gegen Mittag meine beiden Freundinnen auftauchen. Sie sind beide ebenfalls Pferdenärrinnen und helfen mir gerne bei der Arbeit. Es ist ein schöner Tag, an dem ich alles andere beinahe vergesse. Erst am Abend überkommt mich erneut die Panik. Denn der nächste Tag ist ein Montag. Ein ganz normaler Arbeitstag. Und ich habe Angst, dass mit dem Montag wieder die Fragen kommen: von meinem Ausbildungsleiter, der Polizei, vom Anwalt und vom Weißen Ring. Nun muss ich mich wieder zusammenreißen und einfach funktionieren. Das klappt ja meistens auch ganz gut. Meine Kollegen sind mit meiner Arbeit zufrieden, ich glaube, ich bin einigermaßen beliebt. Alltag schaffe ich.

Nur den zweiten Verhörtermin, den schaffe ich nicht. Mein Körper wehrt sich dagegen. Er fährt einfach nicht mit mir zur Polizei, tippt aber auch nicht die Nummer, um abzusagen. Er erledigt seine Arbeit in der Pressestelle und fährt dann ganz automatisch zum Stall, wo mich dann Kriminalkommissar Krause auf dem Handy erreicht: »Anna, wir waren doch verabredet.« Er sagt das so. Ganz nüchtern. Ohne Vorwurf. »Es tut mir leid«, antworte ich. Ohne eine Erklärung, ohne irgendetwas mehr. Es tut mir wirklich einfach nur leid. Deshalb vereinbaren wir einen neuen Termin. Und ich schreibe abends im Forum:

»Ich kann diesen Weg nicht gehen. Anscheinend. Ich dumme, feige Kuh konnte es nicht. Hab es nicht getan. Spitze. Ich krieg es einfach nicht auf die Reihe. Das ist doch unglaublich. Dann wollen einem Menschen helfen, aber man ist dazu nicht in der Lage. Das ist doch einfach nur bescheuert. Ich hasse mich so sehr dafür.«
Missbrauchs-Forum, 20. Juni 2011, 23:52 Uhr

3. Zweite Vernehmung

»Die Täter sind nach Angaben der Bundesregierung zu 93 Prozent den Opfern bekannt, zu zwei Dritteln gehören sie der Familie oder deren nahem Umfeld an. Die Opfer sind dann oft vom Täter abhängig. Häufig verhindern auch offene Drohungen und ›gemeinsame Geheimnisse‹ die Anzeige. Dazu kommt die Scham des Opfers. Manche fühlen sich sogar schuldig, den Täter ›verführt‹ zu haben.«
Veit Schiemann, Pressesprecher Weißer Ring e.V.

Schon beim Aufwachen geht es mir furchtbar. Noch ehe ich die Augen so richtig öffnen kann, rast mein Herz und mir wird speiübel. Denn der erste klare Gedanke dieses Tages ist: Heute muss ich wieder zur Polizei, meine zweite Aussage machen. Am liebsten würde ich einfach liegen bleiben. Oder wenn ich genauer in mich hineinhorche: Ich möchte bitte ab sofort von der Welt vergessen werden und stattdessen hier einfach nur liegen, irgendwann einschlafen und nie wieder aufwachen. Das trifft es eher. Wozu soll ich leben, wenn alles immer nur eine Qual ist? Wozu diese Anzeige? Ändert die etwas? Kann man damit irgendetwas ungeschehen machen? Nein! Ich muss mich nur noch einmal mit allem auseinandersetzen, mich erinnern an Dinge, die ich doch bloß vergessen will, und meine Mutter wird sich noch weiter von mir entfernen, als sie sich eh schon hat ... Alles scheiße!

Unzufrieden steige ich aus dem Bett und tappe rüber ins Bad. Schnell duschen, Zähne putzen. Danach bändige ich meine dunkelblonden Locken mit einem Haargummi zum Pferdeschwanz. Zuletzt Kajal und Wimperntusche. Fünfzehn Minuten. Mehr Zeit nehme ich mir nicht für mich. Beim Anziehen blicke ich in den Spiegel. Manchmal entdecke ich darin eine hübsche junge Frau mit einer sportlichen Figur, einem mädchenhaften Gesicht und wachen, freundlich blickenden Augen. Manchmal könnte ich aber auch einfach nur in mein Spiegelbild kotzen. So ein Tag ist heute.

Aufs Frühstück verzichte ich mal wieder, mein Körper hat keinen Hunger. Stattdessen räume ich ein wenig meine kleine Wohnung auf und breche anschließend zu Andreas Rabe auf, dem Anwalt, den mir der Weiße Ring empfohlen hat. Ich bin aufgeregt, ihn zu treffen. Dabei weiß ich doch, dass er mir einfach nur helfen soll. Er ist auf meiner Seite, rein rechtlich gesehen.

Seine Kanzlei liegt in einem Hinterhaus in der Innenstadt. »Strafrecht« steht auf dem Türschild. Heißt das, Herr Rabe verteidigt sonst die Bösen? Na, super! Obwohl ich mit dem Fahrstuhl fahren könnte, entscheide ich mich fürs Treppensteigen. Zeit schinden. In Bewegung bleiben. Jederzeit umdrehen können.

Durch eine schwere, verschnörkelte Tür betrete ich unsicher die Kanzlei. Eine biedere Sekretärin bittet mich, kurz auf den Herrn Rechtsanwalt zu warten. Aber noch bevor ich mir im Wartebereich eine Zeitschrift aussuchen kann, steht er plötzlich hinter mir: »Rabe. Lassen Sie uns in mein Büro gehen.« Dabei hält er mir steif seine blasse Hand entgegen und streift nur kurz meinen Blick. Genau so habe ich ihn mir vorgestellt – unsicher, fast verklemmt, nicht gerade der Beschützertyp.

Sein Büro passt zu ihm; es ist aufgeräumt und ungemütlich. Nichts Persönliches. Nur Akten, Ordner und Bücher. Als Herr Rabe auf der anderen Seite des Schreibtischs Platz nimmt und das Gespräch beginnt, habe ich das Gefühl, noch weniger sagen zu können als bei der Polizei. Kommissar Krause ist wenigstens ein netter, lockerer Typ. Bei Herrn Rabe bekomme ich keinen Mucks raus, während der ganzen halben Stunde, die wir uns gegenübersitzen und er mir unbeholfen versucht, irgendwelche Fragen zu stellen.

Irgendwann, als er nicht mehr weiterweiß, schlägt er vor, zur Polizei zu fahren. Dass er mich dorthin begleitet, hatten wir am Telefon vereinbart. Jetzt frage ich mich, ob das eine gute Idee war, aber es lässt sich wohl kaum mehr ändern – beziehungsweise würde ich mich nicht trauen, ihm nun noch abzusagen. Kriminalkommissar Krause jedenfalls reagiert ganz selbstverständlich auf meinen Anwalt, der scheint das zu kennen ...

Krause: »Ich würde gerne an dem Punkt weitermachen, wo wir letztes Mal aufgehört haben. Geht es Ihnen wieder etwas besser und fühlen Sie sich dazu in der Lage?«

Ich: »Ja.«

Krause: »Das ist gut. Ich habe mir unser letztes Gespräch noch mehrmals angeschaut und mir sind dabei natürlich noch Millionen von Fragen entstanden ... Wenn ich mich wiederhole und Sachen ein weiteres Mal frage, hat das nichts damit zu tun, dass ich die Dinge anzweifele oder Ihnen nicht glaube. Und auch muss ich noch mehr in die Details gehen. Ich möchte, dass Sie wissen, dass ich es nicht tue, um Ihnen zu schaden. Ganz im Gegenteil. Möchte Ihnen wirklich gerne helfen und es muss ja auch irgendwie anders werden. Also lassen wir es uns versuchen, und wenn Sie eine Pause brauchen, sagen Sie es bitte. Das ist alles kein Problem. In Ordnung?«

Ich: »Ja.«

Krause: »Gut. Und noch was. Ich würde mich freuen, wenn Sie heute versuchen, etwas mehr von sich aus zu erzählen. Ich weiß und sehe natürlich, wie schwer es Ihnen fällt. Aber für mich ist es auch unangenehm, wenn ich das Gefühl habe, ich muss Ihnen jedes Wort einzeln aus der Nase ziehen.«

Auszug aus dem Vernehmungsprotokoll, 21. Juni 2011, 14:00 Uhr

Ich versuche ja, kooperativ zu sein. Aber mein Körper will das nicht. Er kann nicht. Da sitze ich nun wieder. In dem kleinen Vernehmungszimmer mit Kriminalkommissar Krause und meinem Anwalt. Der wirkt sehr angespannt und aufgeregt und ich habe beinahe Angst, ihn zu überfordern. Beschützt fühle ich mich jedenfalls nicht. Kommissar Krause gibt mir zwar ein besseres Gefühl. Aber mein Freund ist er auch nicht! Schon alleine, wenn ich bedenke, dass er auch meinen Stiefvater irgendwann vernehmen wird und ihm möglichst unvoreingenommen begegnen wird. Die Kripo muss ja neutral ermitteln – bla, bla … Es fühlt sich wie ein Verrat an, dass er so viel über mich wissen will und dann noch mit dem Feind redet.

Ich sitze also da und sehe Herrn Krause direkt an. Doch sobald er die erste Frage stellt, fällt mein inneres Aufbäumen einfach um und lässt mich mit der Panik allein.

Krause: »Wie war das Verhältnis zwischen Ihnen und Ihrem Stiefvater?«

Ich: »Gut.«

Krause: »In Ordnung, Anna. Dann eben noch direkter. Hat er Ihnen jemals was angetan?«

Ich: Schweigen

Krause: »Anna, es steht der Verdacht aus, dass Ihr Stiefvater Sie sexuell missbraucht hat. Stimmt das?«

Ich: Schweigen

Krause: »Wir haben jetzt schon länger über Sie und Ihre Jugend oder Kindheit gesprochen. Und auch wenn Sie sagen, dass alles gut sei, so ganz kann das ja nicht angehen. Oder ich frage mal so, warum sind Sie denn so früh von zu Hause ausgezogen?«

Ich: »Wieso denn nicht?«

Krause: »Na, normalerweise ist es doch praktischer, möglichst lange im Elternhaus zu wohnen. Ist vorher irgendwas vorgefallen, was Sie zu dem Entschluss bewogen hat?«

Ich: »Ja, verdammt! Es war halt scheiße zu Hause. Aber ich will da nicht drüber reden. Lassen Sie mich doch einfach in Ruhe. Es ändert doch ohnehin alles nichts mehr.«

Krause: »Was ändert nichts mehr ...? Ihr Chef hat Sie doch nicht ohne Grund angesprochen und sich Sorgen um Sie gemacht. Klar, er hat auch gesagt, dass Sie bei der Arbeit gut und zuverlässig sind. Aber eben auch, dass man deutlich merkt, dass es Ihnen nicht gut geht. Wie oft essen Sie was Ordentliches? Oder die Verletzungen. Wo kommen die mitunter her? Auch jetzt, Ihnen laufen Tränen übers Gesicht, die Sie mit aller Macht zu verstecken oder verdrängen versuchen. Sie zucken zusammen, wenn ich mich ruckartig oder schnell bewege. Ihre Hände mehr als nur verkrampft. Meinen Sie wirklich, ich sehe das nicht?

Sie können ruhig weinen. Oder heulen oder schreien. Was auch immer. Aber erzählen Sie es bitte.«
Ich: »Ich kann es nicht.«
Auszug aus dem Vernehmungsprotokoll, 21. Juni 2011, 14:21 Uhr

Doch diesmal lässt er nicht locker. Er versucht, im Plauderton auf das Thema »Stiefvater« zu kommen, dann spricht er es ganz direkt an, schließlich versucht er es noch einmal über den »Umweg« Escort-Service. Aber ich schweige. Der verhörende Beamte fühlt sich plötzlich wie ein Feind an, wie jemand, der mir Böses will. Mit dem rede ich nicht! Irgendwann bin ich einfach nur noch fertig und genervt: »Meine Güte. Ich weiß gar nicht, warum Sie das alles wissen wollen. Das kann Ihnen doch völlig egal sein. Es ist vorbei. Damals hat es auch keinen interessiert.« Erst nach einer kurzen Pause gebe ich mir einen Ruck: »Beim Escort-Service konnte ich immerhin selbst entscheiden, wann ich mit irgendwelchen ekligen, alten Typen ins Bett geh. Ist doch toll, oder nicht?« Ich höre, wie patzig ich klinge, und fühle mich mir selbst fremd. So bin ich gar nicht. So will ich gar nicht sein, vor allem nicht zu Menschen, die nett zu mir sind. Deshalb sage ich nun gar nichts mehr. Ich fühle mich schlecht, weil ich den armen Herrn Krause so anpampe. Aber der Polizeibeamte scheint weder abgeschreckt noch empört oder sonst etwas zu sein. Geduldig hakt er nach.

Krause: »Und bevor Sie beim Escort-Service gearbeitet haben, hatten Sie da das Gefühl, Sie konnten sich nicht entscheiden?«
Ich: »Ja, und wie vorher? Vorher halt scheinbar nicht. Oder meinen Sie, mein Stiefvater hat mich danach gefragt, wann es mir passt, vergewaltigt zu werden? Ach klar, bestimmt.«

Krause: »Also hat er Sie doch missbraucht?«

Ich: »Ja, anscheinend schon. Oder meinen Sie, ich hab das freiwillig gemacht? Oder gewollt?«

Krause: »Wusste da jemand von?«

Ich: Schweigen

Krause: »War das eine einmalige Tat?«

Ich: Kopfschütteln.

Krause: »Brauchen Sie doch kurz eine Pause?«

Ich: Kopfnicken.

Auszug aus dem Vernehmungsprotokoll, 21. Juni 2011, 15:41 Uhr

Etwa 20 Minuten lang sitze ich im Flur und starre vor mich hin. Ich bin so schlapp, als wäre ich gerade einen Marathon im Hochsommer gerannt. Nie hätte ich gedacht, dass Reden mich körperlich so anstrengen könnte. Mein ganzer Körper ist müde – von diesen Bildern im Kopf und den Wörtern, die diese Bilder beschreiben sollen. Am liebsten würde ich dafür ganz neue, hässliche Worte erfinden, die ich nach dieser Verhandlung nie wieder hören oder sagen muss.

Neben mir schnauft mein Anwalt. Den hatte ich fast vergessen. Es ist so ein Schnaufen, wenn man nicht weiß, was man sagen soll, und irgendwie zeigen möchte, dass man da ist. So ein ganz tiefes Einatmen.

Er scheint noch überforderter zu sein als ich. Ich kann mir eigentlich kaum vorstellen, dass er schon oft missbrauchte Mädchen betreut hat. Dazu wirkt er zu unsicher, zu betroffen. Als ich zu ihm blicke, fällt mir auf, dass er echt geschafft aussieht nach dem Verhör. Er versucht, mir aufmunternd zuzunicken. Aber das ist so armselig, dass ich schnell wieder wegschaue.

In diesem Moment kommt Martin Krause um die Ecke.

Krause: »Fällt es Ihnen vielleicht leichter, wenn ich ›du‹ sage?«
Ich: Kopfnicken
Krause: »Also gut. Ich sehe, du hast dich wieder etwas gefangen. Können wir weitermachen?«
Ich: Kopfnicken.
Krause: »Du hast eben doch gesagt, dass dein Stiefvater dich missbraucht hat. Kannst du erzählen, ob es einmal vorgekommen ist oder häufiger?«
Ich: »Häufiger.«
Krause: »Und war das auch der Grund für deinen frühen Auszug?«
Ich: Kopfnicken.
Krause: »Mir fällt es auch nicht leicht, diese Fragen zu stellen. Aber kannst du dich erinnern, wann das erste Mal etwas vorgefallen ist?«
Ich: »Einen Tag nach meinem 13. Geburtstag.«
Auszug aus dem Vernehmungsprotokoll, 21. Juni 2011, 16:07 Uhr

Sofort wandern meine Gedanken zu dem Tag, an dem mein Stiefvater mich zum ersten Mal anfasste. Ich erinnere mich an alles. Es war mitten in der Vorweihnachtszeit. Ich hatte aus irgendeinem besonderen Grund schulfrei. Mein Stiefvater sollte als Fernfahrer irgendetwas nach Bayern liefern, eine kurze Zweitagestour. »Das ist doch perfekt! Dann kannst du mal mitkommen und sehen, was ich arbeite«, begeisterte er sich. Dabei glaubte ich, etwas Höhnisches, etwas Böses in seinem Blick zu erkennen. Meine Mutter freute sich, weil er sich ausnahmsweise so väterlich-freundlich um mich bemühte.

Eigentlich wollte ich auf keinen Fall mit ihm verreisen – selbst wenn es nur zwei Tage dauern sollte. Eine grauenhafte Vorstellung! Noch dazu fragte ich mich, was das sollte: An einem Tag schlägt er mich grün und blau und dann will er mit mir wegfahren. Zumal ich doch jede Minute genoss, die ich ihn los war. Aber weil beide mich so erwartungsvoll anlachten, traute ich mich nicht, Nein zu sagen. Mein Stiefvater wirkte richtig zufrieden: »Das wird sicher nett. Dann können wir uns ein bisschen unterhalten und besser kennenlernen«, sagte er. Ich nickte bloß.

Schon wenn ich daran denke, könnte ich mich übergeben. Warum habe ich damals nicht auf mein Gefühl gehört? Ich habe keine Ahnung, warum ich mitgefahren bin, schließlich wollte ich es doch nicht! Und so hab ich doch selbst schuld an allem. Wahrscheinlich hab ich es sogar gewollt. Verdammt! Ich weiß es doch auch nicht ... Kommissar Krause reißt mich aus meinen abschweifenden Gedanken.

Krause: »Möchtest du erzählen, wie die Fahrt war? Du kannst bei ganz kleinen Sachen anfangen: Was das für ein Tag war, wie das Wetter war, was dir so einfällt ...«

Ich: »Wir sind morgens ganz früh losgefahren, ich glaube, um Viertel nach drei wurde ich geweckt. Ich bin dann auch nur aufgestanden, hab mich kurz gewaschen und meine Schlafsachen gleich anbehalten. Im Lkw hab ich mich direkt wieder hingelegt und weitergeschlafen.«

Krause: »Kannst du einmal beschreiben, wie es im Lkw aussieht? Gab es da eine Schlafkabine? Kann es mir gerade nur schwer vorstellen.«

Ich: »Ja. Also hinter den beiden Sitzen sind zwei Betten. Eins unten und eines darüber. Ich hab mich zum Schlafen auf das untere Bett gelegt. Dann haben wir irgendwann das erste Mal an-

gehalten und gefrühstückt. Mittags haben wir noch was gegessen auf einer Raststätte und am frühen Abend sind wir dann da angekommen. Ich glaube, es war gegen halb sechs. Wir wollten da übernachten und am nächsten Morgen wieder ganz früh zurückfahren.«

Krause: »War das ein großer Rastplatz oder ein richtiger Autohof?«

Ich: »Keine Ahnung. Ein Autohof war es nicht. Schon ein großer Rastplatz direkt an der Autobahn halt. Die Parkplätze waren schon ziemlich voll mit Lkws. Wir haben so ein bisschen abseits geparkt rechts am Rand vor Büschen. Er meinte, er macht das immer. Da sei es wenigstens etwas ruhiger und zum Pinkeln müsse er nicht so weit laufen. Wir haben dann noch eine Kleinigkeit gegessen und saßen noch einen Augenblick in dem Restaurant am Tresen. Da saßen auch noch andere Lkw-Fahrer und haben zusammen ein paar Bier getrunken. Ich bin nach dem Essen direkt wieder zurückgegangen und hab noch gelesen.«

Krause: »Und dein Stiefvater ist noch dageblieben?«

Ich: »Ja. Ich, ich bin dann irgendwann eingeschlafen. Da war er noch nicht wieder da. Dann bin ich aufgewacht und dann war er da. Es kann zehn gewesen sein. Aber auch elf oder zwölf. Ich hab keine Ahnung.«

Krause: »Ich sehe, wie schwer es dir fällt, aber bitte versuche, noch weiterzuerzählen. Was ist dann passiert?«

Ich: »Er kam rein und roch schon ziemlich nach Bier oder Alkohol. Ich bin wach geworden, aber hab so getan, als ob ich ihn nicht gehört hätte. Ich weiß gar nicht, warum. Ich lag so auf der Seite mit dem Gesicht zur hinteren Wand. Ich hab darauf gewartet, dass er endlich hochgeht ins Bett. Aber irgendwie ... es hat total lange gedauert und ich wusste nicht so richtig, was er da macht. Ich ... ich dachte, er würde sich umziehen. Aber er, er kam

zu mir. Ich hab das erst gar nicht so richtig gemerkt. Ich, ich hab sogar kurz gedacht, dass er mich vielleicht gar nicht gesehen hat und irgendwie vergessen hat, dass ich ja mit bin. Aber plötzlich hat er dann seinen Arm von hinten über mich gelegt und gesagt, dass ich ja ruhig sein soll.«
Auszug aus dem Vernehmungsprotokoll, 21. Juni 2011, 16:59 Uhr

Ich erzähle weiter, erzähle, dass ich in diesem Moment gar nicht wusste, was da gerade geschah. Es war absolut irreal. Das konnte er doch nicht machen! Das nicht!!!

Ich fühlte, dass es nicht richtig war und dass ich es nicht wollte. Er zwang mich, ihn anzusehen, und ich sah, dass er nur noch sein Hemd trug – sonst nichts. »Wenn du nicht willst, dass deiner Mutter etwas passiert, dann machst du jetzt, was ich sage.« Seine Stimme war leise, drohend, mehr ein Knurren. Sein ganzer Körper war angespannt, es fehlte nicht viel und er würde ausrasten, das spürte ich. Seine Aggression war fühlbar, sie füllte den ganzen Raum und presste mich zusammen. Ich war starr vor Angst und Schreck. Seine Augen waren kalt und böse. Er war ein Teufel. »Wenn du etwas nicht willst, dann denk an deine Mutter«, sagte er noch einmal. Dieser Mann wusste genau, wie sehr ich an meiner Mutter hing. Ganz egal, wie sehr sie sich verändert hatte. Sie war mein Lebensmittelpunkt. Trotz allem.

Während ich das erzähle, versinke ich in meinen Erinnerungen. Ich sehe nicht mehr den Polizisten, die Kamera, das Verhörzimmer. Ich nehme nicht mehr das gelegentliche Schnaufen meines Anwalts wahr. Ich bin wieder in dem Lkw mit meinem widerlichen Stiefvater. Die Gefühle, die diese Erinnerungen auslösen, drohen, mich mit sich zu reißen. Bis Kriminalkommissar Krause die Frage stellt, die ich mir selbst seit Jahren immer wieder stelle, die mich wahnsinnig zu machen droht und die mich schlagartig zurück ins Verhörzimmer holt.

Krause: »Hattest du in der Situation die Chance, dich zu wehren? Waren andere Lkws in der Nähe, in denen jemand was hätte hören können?«

Ich: »Mann, klar hätte ich mich wehren können. Aber ich hab es nicht getan. Ich hab kein einziges Wort gesagt. Ihn weder getreten, gebissen, gekratzt oder sonst was. Bin ich deshalb doch selbst schuld oder wie? Weil ich Angst hatte, was zu tun? Oder was soll das heißen?«

Krause: »Anna, nein, das hab ich doch gar nicht gesagt. Ich muss doch nur verstehen, wie die Situation war. Kannst du ungefähr sagen, wie lange das Ganze gedauert hat?«

Ich: »Keine Ahnung. Mir kam es vor wie eine Ewigkeit. Aber ich weiß es nicht. Es könnten auch genauso gut nur fünf Minuten gewesen sein. Ich kann das wirklich nicht sagen.«

Krause: »Nachdem er fertig war, sozusagen, entschuldige bitte, wenn ich mich so komisch ausdrücke, was ist dann passiert?«

Ich: »Nichts. Er hat mir einen Kuss auf die Wange gegeben und ist dann auf das Bett über mir gegangen.«

Krause: »Bist du einfach liegen geblieben?«

Ich: »Zuerst ja. Aber als er angefangen hat zu schnarchen, bin ich aufgestanden und leise rausgegangen. Ich war auf Toilette und hab mich überall gewaschen. Ich fühlte mich so eklig und dreckig.«

Krause: »Und weißt du da, wann das ungefähr war?«

Ich: »Ja. Bei dem Bezahlautomaten bei den Toiletten war die Uhrzeit mit drauf und da war es zehn nach zwölf.«

Auszug aus dem Vernehmungsprotokoll, 21. Juni 2011, 17:37 Uhr

Ich erzähle Krause, dass ich eine Weile draußen bei den Toiletten geblieben war. Ab und zu gingen irgendwelche Fernfahrer an mir vorbei. Einige sahen mich komisch an. Wahrscheinlich habe ich ein bemitleidenswertes Bild abgegeben. Im Schlafanzug, mit zerzausten Haaren und einer zerstörten Seele. Obwohl es kalt war – es war ja mitten im Winter –, blieb ich einfach dort stehen. Ich wollte nicht mehr zurück. Nie mehr. Aber ich wusste, dass ich keine andere Wahl hatte. Meine Mutter hätte mir niemals geglaubt. Und sie hätte mich auch niemals hier abgeholt. Und sonst gab es ja niemanden, der mir hätte helfen können. Deshalb schleppte ich mich irgendwann zurück zum Lastwagen. Es war der schlimmste und schwierigste Gang meines bisherigen Lebens. Mit jedem Schritt musste ich meinen Ekel und meinen Widerwillen überwinden. Und spätestens, als ich hoch zur Fahrertür stieg, um wieder in die warme Kabine zu steigen, hatte ich verloren. Anstatt davonzulaufen und laut aufzuschreien, bin ich zu ihm zurückgegangen, damit er mich nach Hause brachte. Von da an muss er gewusst haben, dass er mich in der Hand hatte.

Krause: »Und wann ist der letzte Vorfall gewesen?«
Ich: »Ironischerweise einen Tag nach meinem 17. Geburtstag.«
Krause: »Kam es in den vier Jahren zu regelmäßigen sexuellen Kontakten?«
Ich: »Wenn, wenn er viel zu Hause war ... Dann, dann eben öfter. Manchmal jeden Tag. Aber, aber dann auch wieder mal ein paar Tage nicht.«
Krause: »Kam es bei diesen Kontakten auch zum Geschlechtsverkehr?«

Ich: Kopfnicken.

Krause: »Ich möchte dich heute gar nicht mit Fragen quälen, die ins Detail gehen. Es geht mir nur darum, dass ich ein paar wichtige Punkte brauche, die entscheidend für das weitere Vorgehen sind. Das ist immer ein bisschen von der Schwere der Tat abhängig und von den Begleitumständen. Ist das in Ordnung für dich?«

Ich: »Ja.«

Krause: »Hat er ein Kondom benutzt?«

Ich: Schweigen. »Nicht immer.«

Krause: »Und kam es bei den Kontakten zum Samenerguss?«

Ich: Kopfnicken.

Krause: »Das heißt, du hättest theoretisch auch schwanger werden können? Oder verstehe ich das falsch?«

Ich: »Ich hab die Pille genommen.«

Krause: »Wusste dein Stiefvater das?«

Ich: »Ja.«

Krause: »Wenn du die Pille genommen hast, gehe ich davon aus, dass du regelmäßig zum Arzt gegangen bist. Hast du dort nicht sagen können, was du erlebst?«

Ich: »Nein. Wie man sieht, nicht.«

Krause: »Darf ich fragen, warum nicht? Vier Jahre lang ist ja schon eine relativ lange Zeitspanne. Hat da niemand etwas bemerkt?«

Ich: »Nein, verdammt. Natürlich haben mal Leute gefragt. Klar. Aber ich hab denen bestimmt nicht auf die Nase gebunden, wie das bei uns ist.«

Krause: »Hattest du Angst?«

Ich: »Ja, natürlich. Was denn sonst?«

Krause: »Hat er dich denn auf irgendeine Art bedroht oder sonst unter Druck gesetzt?«

Ich: »Na ja, er hat gesagt, dass es nicht gut für meine Mutter wäre, wenn ich nicht das mache, was er möchte. Außerdem, was hätte ich bitte machen sollen? Hätte ich was gesagt, er hätte doch ohnehin alles abgestritten. Und, und nur nett war er ja auch nicht immer.«

Krause: »Wie muss ich das verstehen, dass er nicht immer nett war, wie du sagst?«

Ich: »So, so wie ich es gesagt hab. Er hat ja nicht nur nett darum gebeten. Ach, egal.«

Krause: »Hat er dich auch geschlagen?«

Ich: »Meinen Sie, ich hab freiwillig mitgemacht oder wie?«

Krause: »Nein, Anna, das habe ich nicht gesagt. Und ich weiß genau, dass es so nicht ist. Aber ich muss bestimmte Dinge fragen. Und noch viel mehr wissen. Im Moment schwirren mir gerade lauter Fragezeichen im Kopf herum. Aber wir hören gleich auf für heute. Ich denke, das reicht erst einmal. Eine letzte Frage noch für heute. Versprochen. Hat deine Mutter davon die ganze Zeit über nichts mitbekommen?«

Ich: »Doch. Aber, aber sie hatte doch selber genug Probleme.«

Krause: »Bist du dir sicher, dass sie davon gewusst hat? Oder woran machst du das fest?«

Ich: »Mann! Sie haben gesagt, noch eine Frage. Lassen Sie mich doch bitte endlich in Ruhe. Bitte!«

Auszug aus dem Vernehmungsprotokoll, 21. Juni 2011, 18:26 Uhr

Mein Anwalt sitzt während des ganzen Verhörs stocksteif neben mir und wirkt eher wie ein erschrecktes Kaninchen als wie ein starker Bär. Und der soll mir helfen? Man sieht ihm seine tiefe Betroffenheit an, als er sich schüchtern von dem Polizisten verabschiedet. Herr Krause dagegen gibt sich bei der Verabschiedung so ruhig und zuversichtlich wie immer. Einen kurzen Augenblick bin ich froh, dass er mein Ermittler ist. Er wirkt irgendwie verlässlich. Wie oft er sich wohl schon solche Geschichten anhören musste?

»Soll ich Sie nach Hause fahren?« Die Frage kommt so überraschend, dass ich fast zusammenzucke. Mein Anwalt schaut mich beinahe verzweifelt an, als er auf meine Antwort wartet. Anscheinend möchte er mir jetzt unbedingt etwas Gutes tun und es fällt ihm nichts anderes ein. »Nein danke«, lehne ich ab. Mit einem weichen Händedruck und hängenden Schultern verabschiedet er sich von mir. Und noch einmal frage ich mich, ob er wohl der richtige ist, um das alles mit mir durchzustehen? Erschöpft steige ich in mein Auto. Wohin soll ich nun fahren? Nach Hause möchte ich nicht. Was soll ich da? Ich muss erst ein wenig zur Ruhe kommen. Zu den Pferden? Da könnte ich allerdings auf Kollegen treffen und ich bin mir nicht sicher, ob ich jetzt stark genug bin, um meine Alles-ist-gut-Fassade aufrechtzuerhalten.

Stattdessen lenke ich den Wagen spontan eine steile Straße hinauf in ein Waldstück, ganz in der Nähe meiner alten Grundschule. Hier liegt – idyllisch unter alten, hochgewachsenen Bäumen – mein Vater auf dem Friedhof. Als ich auf dem menschenleeren Parkplatz aussteige, atme ich tief die kühle, feuchte Luft ein. Das fühlt sich gut an. Ich bin gerne hier oben, es hilft mir, wieder zu mir zu kommen. Irgendwie fühle ich mich in Papas Nähe beschützt.

Obwohl er schon so viele Jahre tot ist, fehlt er mir sehr. Ich war etwa zehn, als er gestorben ist. Damals haben wir beinahe jeden Tag miteinander telefoniert, und das, obwohl es ihm schwerfiel und ihm der Hörer regelmäßig aus der Hand rutschte, weil seine Muskeln versagten. Einmal pro Woche bin ich mit dem Bus zu ihm ins Pflegeheim gefahren.

Er freute sich immer riesig, mich zu sehen. Seine Augen strahlten warm und glücklich. Deshalb erzählte ich ihm auch nicht, was zu Hause los war. Nicht von dem Ärger, den ich bekäme, wenn Mama wüsste, dass ich ihn besuchte, nichts von den regelmäßigen Prügelattacken meines Stiefvaters oder Mamas Alkoholproblem. Er sollte sich keine Sorgen machen, schließlich konnte er eh nichts ändern. Ich wollte einfach seine Liebe und Aufmerksamkeit genießen. Obwohl ich Papas Verfall sah und das Gefühl hatte, mich um ihn kümmern zu müssen, aber nicht konnte, waren diese Ausflüge ins Pflegeheim für mich wie Kurzurlaube. Hier tankte ich Kraft.

Doch an einem Besuchs-Donnerstag war irgendetwas Besonderes im Stall los, was ich auf keinen Fall verpassen wollte. Deshalb rief ich Papa aufgeregt an, um ihm abzusagen. Er lachte in den Hörer, weil er sich so sehr mit mir freute. »Klar, mein Engel. Dann sehen wir uns in der kommenden Woche. Ich freu mich!«

Das war unser letztes Gespräch. Noch heute mache ich mir solche Vorwürfe, an diesem Tag nicht zu ihm ins Pflegeheim gefahren zu sein. Vielleicht wäre dann alles anders gekommen ...

Aber so rief mich Mama nur ein paar Stunden nach meinem letzten Telefonat mit Papa auf dem Handy an: »Papa hat sich an einem Stück Apfel verschluckt und es nicht geschafft, Hilfe zu rufen oder das Apfelstückchen herauszuhusten. Er ist erstickt.« Dann legte sie auf und sprach nie wieder mit mir über Papas Tod. Und ich fühlte mich allein mit meinem unendlich großen Schmerz, meinen zermürbenden Selbstvorwürfen, mit meinem ganzen beschissenen Leben.

Mir schießen die Tränen in die Augen, während ich ein bisschen Unkraut und trockene Blätter von seinem Grab zupfe. Würde er wohl noch leben, wenn ich an dem Tag zu ihm gefahren wäre? Hätte er diesen Apfel dann vielleicht nicht gegessen? Oder hätte ich rechtzeitig Hilfe holen können? Diese Gedanken zermürben mich. An guten Tagen glaube ich, dass es dann vielleicht am Abend passiert wäre. An Tagen wie heute fühle ich mich einfach nur schuldig.

Als ich Schritte hinter mir höre, wische ich meine Tränen weg und drehe mich um. Eine alte Dame läuft mit einer Gießkanne an mir vorbei, nickt freundlich und schaut mich voller Mitgefühl an. Kurz flackert so ein Gefühl der Verbundenheit, des inneren Friedens und der Zuversicht in mir auf. Das tut mir gut. Meine Gedanken werden klarer, ich spüre wieder den weichen Waldboden unter meinen Füßen und fühle mich nach einer Weile stark genug, doch noch zum Pferdehof zu fahren, um wie gewohnt freundlich und zuverlässig meine Arbeit zu erledigen.

Erst als ich am späten Abend im Bett liege, denke ich wieder an die Vernehmung am Nachmittag. Was wollte der Polizist alles wissen? Und was habe ich ihm erzählt? Dabei kommt es mir plötzlich so vor, als ob Herr Krause komisch nachgefragt hätte, warum ich so sicher wäre, dass meine Mutter Bescheid gewusst hätte? Glaubte er mir das etwa nicht? Mit stärkerem Herzklopfen gehe ich noch einmal das Gespräch durch: Gibt es womöglich Anzeichen dafür, dass er mir nicht glaubt? Eigentlich tut er doch immer so verständnisvoll und beruhigend. Ich grübele weiter, mir fällt aber nichts Auffälliges ein. Und immerhin hat er einen weiteren Termin mit mir vereinbart. Das wird er doch nicht aus Langeweile machen!

Aber auf dem Punkt, ob ich mich denn nicht gewehrt hätte, ist er schon sehr herumgeritten. War ja auch klar! Ich hab mich ja auch nicht gewehrt. Heute wünschte ich selbst, ich hätte gekratzt, geschrien, gebissen. Und wenn er mich dafür totgeschlagen hätte – ich müsste mir wenigstens nicht diese Vorwürfe machen und anhören.

Ich beschließe, mir solche verunsichernden Gedanken zu verbieten. Überhaupt will ich gar nicht mehr an das Ganze denken! So kann ich ja nie einschlafen.

Aber schon explodiert der nächste Gedanke in meinem Kopf: Was meine Mutter wohl sagen wird, wenn sie davon erfährt? Sie hat mir immer vorgeworfen, dass ich es doch auch wollen würde, dass es mir doch Spaß machen würde. Dieser Gedanke ist jedes Mal wie ein Schlag in den Bauch. So ein Schwachsinn! Oder habe ich ihm etwa irgendwie gezeigt, dass ich gerne mit einem Messer bedroht und zum Sex mit einem widerlichen, viel älteren Mann gezwungen werde?

Aber dann melden sich neue Zweifel: Möglicherweise habe ich ihn ja doch unbewusst animiert. Zum Beispiel, wenn ich nett zu ihm war, damit er nicht wieder auf meinen Bruder losging? Oder wenn ich ihn auf andere Gedanken bringen wollte, wenn er Mama auf dem Handy nicht erreichte. Bei so etwas konnte er ausflippen. Deshalb habe ich ihm dann etwas zum Trinken hingestellt oder gefragt, ob er etwas essen möchte. Kann er das falsch verstanden haben?

Sofort schießen mir Bilder in den Kopf, mit welcher Gewalt er vorgegangen war. Beim ersten Schmerzensschrei hat er gefragt, ob ich möchte, dass meine Mutter demnächst mal die Treppe hinunterstürzt oder so. Dann habe ich die Lippen zusammengepresst und alles über mich ergehen lassen. Denn wenn ich auch noch meine Mutter verliere, bin ich ganz allein auf der Welt.

Erst als ich erschrocken zusammenzucke, bemerke ich, dass ich schon geschlafen und geträumt habe, wie mein Stiefvater mich quält. Mein Herz rast und mir ist speiübel. Dieselbe alte Panik.

An Schlafen ist vorerst nicht mehr zu denken. Stattdessen kleben diese ekelhaften Bilder in meinem Kopf, schütteln mich, würgen mich und verursachen überall Schmerzen. Erschöpft rappele ich mich auf und gieße mir in der Küche ein bisschen Wein ein. Nur um ruhiger zu werden ... Und noch ein Glas. Die halbe Flasche. Allmählich macht mich der Wein schön schummerig. Und müde. Und endlich kann ich schlafen.

Aber am nächsten Morgen sind die Bilder wieder da. Viel stärker als in den vergangenen Monaten. Sie lähmen mich, bringen mich komplett durcheinander, ich schaffe kaum mehr meinen Alltag.

Am Abend vor der nächsten Vernehmung schreibe ich im Missbrauchs-Forum:

»Seit ich diese Anzeige gemacht habe, ist alles schlimmer, obwohl der Beamte wahnsinnig einfühlsam war, auf mich eingegangen ist und wirklich nur Ansätze besprochen wurden. Seitdem erlebe ich immer wieder Flashbacks. Sehe Bilder vor mir. Noch mal Szenen. Dinge, die noch gar nicht angesprochen wurden. Die ich auch gar nicht in der Lage wäre auszusprechen. Bereue es so sehr, dass es so gekommen ist. Möchte nicht mehr ...

Ich kann das nicht. Ekel mich vor mir selber, diese Worte in den Mund zu nehmen. Dann da rauszugehen. Wieder ein normales Leben spielen zu müssen. Fühle mich von innen zerrissen. Angst vor der Nacht. Den Träumen. Angst vorm Tag. Vor Leuten. Und Fragen. Wie schaffen das denn andere? Ich zittere beim Schreiben und beim Gedanken daran am ganzen Körper.«
Eintrag in ein Missbrauchs-Forum, 28. Juni 2011, 22:30 Uhr

Aber ich bin zu unruhig, um vor dem Computer auf Antworten zu warten oder in anderen Themenbereichen zu lesen. Deshalb hole ich mir ein Glas Wein und tippe weiter:

»Irgendwie habe ich das Gefühl, ich werde irgendwann verrückt. Merke, dass ich so verdammt müde bin und vom Gefühl her immer müder werde, wenn es denn geht – aber mittlerweile schon richtig Angst vorm Schlafen hab. Dauernd kommen irgendwelche Scheißbilder hoch. Wache dann zum Glück irgendwann schweißgebadet auf und kann erst gar nicht deuten, was los ist – ob ich im Hier und Jetzt bin oder eben nicht. Ganz schlaue Leute sagen immer, wenn man am Tag genug tut, kann man nachts auch schlafen. Sonst muss man eben mehr machen. Haha!

Heute Nacht wieder. Mein beschissener Scheißstiefvater. Als wäre ich ein Stück Dreck oder sonst was. Oder eher etwas zu essen. Jeder kann mal probieren. Oder was auch immer. Benutzen eben. Fi**en, beschmutzen, zerstören und liegen lassen. Und verdammt, ja – ich weiß, dass es vorbei ist, aber es fühlt sich so real an ... Versuche mitunter schon, mit Alkohol einzuschlafen. Ich weiß selber, dass das die Superlösung ist. Nützt auch nur zum Einschlafen. Aber irgendwann braucht auch mein Körper mal eine Erholungsphase. Ohne irgendwas ... Ist das zu viel verlangt?«
Eintrag in ein Missbrauchs-Forum, 28. Juni 2011, 22:50 Uhr

4. Dritte Vernehmung

»Immer, wenn Kinder Opfer dieser schrecklichen Taten sind, berührt das auch die Kriminalisten im Besonderen. Hier ist es nicht immer leicht, eigene Gefühle zurückzuhalten. Der Umgang mit den Opfern ist eine sehr sensible Angelegenheit, die vernehmenden Kriminalisten müssen sich stets neu auf das Opfer einstellen. Wichtig ist es, Vertrauen zu erlangen und gegenseitig das Gefühl zu haben, dass die Wahrheit gesprochen wird.«
Bund Deutscher Kriminalbeamter, Kriminalhauptkommissar Herman-Josef Borjans

Krause: »Wir sehen uns ja heute das dritte Mal in diesem Raum und ich denke, jetzt bist ... oder sind wir zusammen auch schon etwas vertraut, sodass das heute doch ganz gut gehen müsste. Du hattest beim letzten Mal von dem ersten Übergriff erzählt. Wie war es, als du danach nach Hause gekommen bist?«

Ich: »Ich hab meiner Mutter nichts gesagt, falls Sie das meinen. Ich bin ausgestiegen, hab kurz Hallo gesagt und bin hochgegangen. Hab geduscht und mich dann ins Bett gelegt. Ich war auch den ganzen Abend nicht mehr unten.«

Krause: »Hat deine Mutter denn mal nach dir geguckt?«
Ich: Kopfschütteln.

Krause: »Und war dein Bruder an dem Tag zu Hause?«

Ich: »Ja. Gesehen hab ich ihn aber nicht. Er hat nur total laut Musik gehört, mehr hab ich nicht von ihm gehört. Und das war normal, falls Sie das gleich fragen wollen. So wahnsinnig viele Worte wurden bei uns nicht gewechselt.«

Krause: »In Ordnung, ich verstehe schon, du möchtest nicht mehr so viel erzählen. Mensch, mir tut es doch auch leid, dich so quälen zu müssen. Hattest du am übernächsten Tag, das müsste ja ein Montag gewesen sein, wieder Schule?«

Ich: »Ja. Eigentlich schon.«

Krause: »Eigentlich?«

Ich: »Ich war nicht da.«

Krause: »Warst du krank?«

Ich: »Nein. Natürlich nicht. Ich bin einfach im Bett liegen geblieben, bis mein Stiefvater mich mittags geweckt hat.«

Krause: »Hast du irgendeine Art Verletzungen davongetragen von der Tat?«

Ich: »Ich hatte blaue Flecken an der Brust. Aber sonst nichts.«

Krause: »Als dein Stiefvater dich mittags geweckt hat, wie war das?«

Ich: »Er kam rein, hat gesagt, ich könne langsam auch mal meinen Arsch aus dem Bett kriegen. Schließlich, also, schließlich hätte ich ja nun auch noch nicht so wirklich viel geleistet. Und ich solle mich freuen, auf das, was noch kommt. Aber, aber er würde es dennoch vorziehen, wenn ich weiter zur Schule gehen würde. Denn eine Vollzeitnutte bräuchte er nicht.«

Krause: »Das hat er so gesagt?«

Ich: Kopfnicken.

Krause: »Hat deine Mutter dich denn nicht noch einmal darauf angesprochen, wie die Fahrt zusammen war? Oder hat sie nicht irgendwas anderes bemerkt?«

Ich: »Sie hat kurz gefragt, wie es denn war, ja. Aber wirklich interessiert hat sie es eh nicht.«

Krause: »Aber trotzdem kann ich das nicht verstehen, dass sie sonst nichts bemerkt hat. Als Mutter muss man doch was sehen.«

Ich: »Meine Güte, fragen Sie sie doch selber. Vielleicht wollte sie nichts merken, vielleicht war es ihr völlig egal. Vielleicht war sie froh, weil sie vielleicht ihre Ruhe hatte. Woher soll ich das denn wissen?«

Krause: »Anna, ist alles in Ordnung? Oder ist dir nicht gut?«

Ich: Kopfschütteln.

Krause: »Dann sag doch bitte was. Es ist wohl besser, wir machen für heute Schluss.«

10:07 Uhr: Vernehmung musste aus gesundheitlichen Gründen abgebrochen werden.

Auszug aus dem Vernehmungsprotokoll, 29. Juni 2011, 10:07 Uhr

Ich bin ein Wrack. Ich kann nicht mehr essen, nicht mehr schlafen. Meine Arme und Oberschenkel sehen aus, als wären sie in einen Fleischwolf geraten. Am liebsten würde ich zu meiner Mutter fahren, auch wenn das absurd ist. Aber irgendwie ist sie doch die einzige lebende Person, die für mich verantwortlich ist.

Seitdem ich vor fünf Jahren ausgezogen bin, sehen wir uns selten und auch nur, wenn ich mich darum bemühe. Meistens rufe ich sie vorher an, damit ich IHM nicht begegne. Wenn ich dann bei ihr am Küchentisch sitze, wissen wir kaum etwas miteinander anzufangen. »Wie geht es dir?«, frage ich höflich, obwohl ihr Anblick mehr verrät, als sie jemals zugeben würde: dieses rot geäderte, aufgequollene Gesicht mit dem abwesenden Gesichtsausdruck, ihr

Alkoholgeruch, ihre Kreislaufprobleme ... Kaum vorstellbar, was für eine hübsche, lebensfrohe Frau sie mal war!

»Bei mir ist es wie immer. Und selbst? Immer noch am Reiten?«, will sie dann halbherzig wissen und ich wünschte, ich könnte ihr ein echtes Interesse abnehmen oder etwas Liebevolles in ihren Augen entdecken. Zwar bemühe ich mich regelmäßig um Treffen, aber eigentlich geht es mir danach meist schlechter als zuvor. Aber ich hoffe immer noch, dass es irgendwann besser wird ...

Klar habe ich meine Freundinnen. Aber die leben ihr eigenes Leben. Schließlich wissen sie nicht mal, was bei mir los ist. Sophia ist gerade mit ihrem Umzug nach Süddeutschland beschäftigt und Kerry mit ihrem neuen Freund, von dem sie glaubt, dass sie ihn mal heiraten wird. Ich ziehe mich nur noch zurück. Weder ertrage ich Sophias Umzug noch Kerrys Freund. Ich beneide meine Freundinnen darum, dass sie so normal mit ihren Leben umgehen können, und frage mich, wie ich wäre, wenn all das nicht passiert wäre. Es fällt mir schwer einzugestehen, dass mein Stiefvater so viel in mir zerstört haben könnte. Irgendwie verstehe ich es auch gar nicht: Es ist doch nun vorbei. Warum können diese Wunden nicht ganz normal heilen? Ein Armbruch, eine Fleischwunde – alles ist doch irgendwann wieder gut. Bis auf ein paar Narben vielleicht. Aber ich fühle mich komplett unbrauchbar. Wäre ich eine Maschine, würde man mich beim Sondermüll entsorgen: unreparabel defekt. Dabei will ich das gar nicht! Ich will nicht, dass mein Stiefvater diese Macht über mein Leben hat – immer noch.

Diese Vorstellung macht mich richtig wütend! Aber auch verzweifelt. Weil ich nicht weiß, an wen ich mich sonst wenden soll, klappe ich meinen Laptop auf und schreibe meinen virtuellen Freundinnen im Missbrauchs-Forum.

»Ich kann es einfach nicht begreifen, wieso das alles solche Konsequenzen hat. Verdammt – irgendwann muss doch auch mal gut sein, oder nicht?

Und ja, es waren Jahre, in denen mein Körper ein bisschen leiden musste. Aber irgendwie muss man sich doch mal lösen können. Immer wieder an irgendwelche Scheißdinge erinnert zu werden, nützt doch nichts.

Und so ein Armbruch – das ist doch etwas ganz anderes. Das ist was, das sieht man klar und deutlich auf dem Röntgenbild und es ist logisch, dass es behandelt werden muss. Aber das andere? Kann man sich nicht auch anstellen?«
Eintrag in ein Missbrauchs-Forum, 29. Juni 2011, 12:50 Uhr

Während des Schreibens werde ich immer wütender auf mich. Was soll das denn? So ein blödes Herumgejammere wegen etwas, das nun eh vorbei ist. Aber bevor ich mich weiter in meinen Selbsthass hereinsteigern kann, kommt die erste Antwort aus dem Forum.

»Es ist ja nicht wirklich vorbei. Also nicht im Sinne von ›verarbeitet‹. Und das wirst du so alleine nicht schaffen. Deine Seele bemüht sich ja, deshalb durchlebst du es immer wieder. Dein Gehirn möchte es wegsortieren, schafft es aber nicht. Du solltest mal bei Wikipedia über ›Trauma‹ lesen, dann verstehst du, was ich meine. Ich musste eine Traumatherapie machen, um diese Gedanken loszuwerden.«
Missbrauchs-Forum, 29. Juni 2011, 13:01 Uhr

Okay, also Wikipedia. Da steht: »*Traumatisierende Ereignisse können beispielsweise Naturkatastrophen, Geiselnahme, Vergewaltigung oder Unfälle mit drohenden ernsthaften Verletzungen sein. Diese Ereignisse können in einem Menschen extremen Stress auslösen und Gefühle der Hilflosigkeit oder des Entsetzens erzeugen. Die hierdurch im Menschen hervorgerufene Angst- und Stressspannung kann bei der Mehrzahl der Betroffenen wieder von alleine abklingen. In besonderen Fällen jedoch, wenn diese erhöhte Stressspannung über längere Zeit bestehen bleibt und es keine Möglichkeit gibt, die Erlebnisse adäquat zu verarbeiten, kann es zur Ausbildung von teils intensiven psychischen Symptomen kommen.*«

Das wusste ich weitgehend schon. Und auch, dass eine Traumatherapie helfen soll. Aber warum bitte schön sollte es helfen, wenn man mit einem fremden Menschen, einem Therapeuten, über das alles spricht? Es noch mal und noch mal erzählt. All diese Schmerzen noch einmal spürt. Darauf habe ich keine Lust und noch dazu glaube ich nicht daran. Das macht für mich keinen Sinn. Frustriert sitze ich am Küchentisch und starre vor mich hin.

Bevor das im Lkw passiert ist, war ich glücklich. Obwohl es auch da schon schwierig zu Hause war: Mein Stiefvater war gewalttätig, meine Mutter trank, mein Vater war verstorben. Das war alles schrecklich. Aber ich kann mich daran erinnern, dass ich tief in mir darauf vertraut habe, später einmal ein normales, glückliches Leben zu führen. Ich hatte einen starken, lebensfrohen, optimistischen Kern und träumte davon, Ärztin zu werden oder als Reiterin Karriere zu machen. Schon jetzt war ich ziemlich erfolgreich auf Turnieren.

Dementsprechend entsetzt war ich, als meine Mutter mir eines Morgens in der Küche so ganz nebenbei mitteilte: »Wir ziehen auf die andere Rheinseite in ein kleines Kaff bei Uckerath. Da sind die Mieten günstig und du kannst mit dem Schulbus in die Schule fahren und dann dort in die siebte Klasse gehen.« Das war's dazu von ihrer Seite.

Ich glaubte, mich verhört zu haben. »Wie bitte? Und unser Haus? Der Verlag?«

Meine Mutter winkte ab: »Das läuft doch nicht mehr. Wir müssen verkaufen.«

Wie konnte sie nur so gleichgültig sein? Fassungslos starrte ich sie an. Der Schulwechsel war schlimm, aber notfalls auszuhalten. Was mich am schlimmsten traf, war die Vorstellung, nicht mehr reiten zu können. Das wollte ich auf gar keinen Fall aufgeben! »Aber mein Stall! Der ist doch dann viel zu weit weg«, protestierte ich für meine Verhältnisse ungewohnt lautstark.

Meiner Mutter war das scheinbar egal. Schulterzuckend sagte sie: »Dann suchst du dir eben einen Bauern, der ein Pferd hat, auf dem du reiten kannst.« Und damit drehte sie sich um und ging aus dem Raum. Thema erledigt! Ohnmächtig starrte ich ihr hinterher. Sie verstand mich nicht! Sie versuchte es nicht einmal! Ich wollte nicht auf irgendein Pferd steigen. Ich wollte weiter auf top ausgebildeten Pferden reiten, zu Turnieren gehen, erfolgreich sein. Ich wollte weiter zu *meinem* Stall fahren!

Uckerath? Das hatte ich vorher noch nie gehört. Schnell flitzte ich in mein Zimmer und setzte mich an den Computer, um dort auf einer Karte nachzusehen, wie weit das neue Haus von meinem Stall entfernt lag: 18 Kilometer. Das war eine ordentliche Strecke! Laut Internet würde ich dafür etwa eine Stunde mit dem Fahrrad brauchen – hin und zurück also zwei Stunden. Ich dachte nach. Das war machbar! Hauptsache, ich konnte weiter reiten!

Als wir dann wenig später mit einem Möbelwagen vor dem neuen Haus vorfuhren, war mein Bruder vor allem entsetzt, wie schäbig es aussah im Vergleich zu dem schönen Haus, in dem wir bislang gelebt hatten. »Auweia!«, brummte er, als ich mich an ihm vorbeizwängte, um mein Fahrrad aus dem Wagen zu zerren. Ich zuckte mit den Schultern. Mich interessierte das nicht so sehr. Anstatt Kisten auszupacken und mein Zimmer einzurichten, setzte ich mich zuerst auf mein Fahrrad, um zum Stall zu fahren. Erst über Landstraßen, dann auf die Fähre, zuletzt den Berg hoch – das war zwar anstrengend, aber ich hatte es geschafft! Glücklich stürzte ich mich in die Stallarbeit und freute mich anschließend auf mein Training ...

Leider fuhren die Schulbusse sehr ungünstig. Das hatte meine Mutter sich wohl nicht so genau angesehen, als sie das Haus ausgesucht hatte ... Morgens ging der Bus um halb sieben, dann musste ich mindestens eine halbe Stunde vor der Schule herumlungern, bis ich hineindurfte. Und nach der Schule fuhr der Bus nur am Mittag und auch nur in den nächstgrößeren Ort. Das heißt, von dort musste ich abgeholt werden. Wenn ich allerdings länger Schule hatte, kam ich gar nicht mehr weg. Also blieb mir auch für den Schulweg nur das Rad. Das hatte den Vorteil, dass ich dann gleich von dort aus in den Stall fahren konnte.

Das neue Gymnasium war eigentlich ganz nett. Die Mitschüler nahmen mich freundlich auf, es erwarteten mich keine schlimmen Lästerzicken in der Klasse und die Lehrer waren verhältnismäßig jung und engagiert. Ich war zwar nicht gerade das angesagteste Mädchen der Klasse, aber durchaus beliebt. Die Mädchen lachten über meine Schlagfertigkeit und die Jungen darüber, dass ich ganz schön frech sein konnte. Frech, ohne unverschämt zu sein. Wenn die Lehrer mahnend die Augenbrauen hoben, konnte ich so nett lachen, dass mir keiner etwas übel nahm. Außerdem hatte ich super Noten und Spaß im Unterricht.

Die Mädchen hatten zu dieser Zeit nur noch ein Thema: Jungs. Und sogar die interessierten sich mit zwölf Jahren plötzlich nicht mehr nur für Fußball, sondern auch für uns. Aber während meine Klassenkameradinnen vor allem Ausschau nach Jungs ab der neunten Klasse hielten und da vorzugsweise nach denen, die schon Mofas besaßen, schielte ich rüber zu Robert. Er war in meiner Klasse und saß in der ersten Reihe, weil er immer ein wenig vorlaut war und die Lehrer ihn deshalb besonders im Auge behalten wollten. Ich glaube, nicht nur aus meiner Sicht, sondern auch objektiv war er der süßeste Junge in der Klasse. Er hatte dunkle Wuschelhaare, gebräunte Haut, war der Beste in Sport und hatte das schönste schiefe Lächeln, das ich mir vorstellen konnte. Manchmal kam es mir so vor, als würde er mich ebenfalls häufiger anschauen. Ich versuchte, mein Rad immer in der Nähe von Roberts Mountainbike abzustellen. Das war aufregend! Ich bekam schon Herzklopfen, wenn ich in die Nähe seines Fahrrads kam. Manchmal grinste ich, wenn ich nur an ihn dachte. Meinen Klassenkameradinnen erzählte ich nichts von meiner Schwärmerei, aber meine Freundinnen im Reitstall wussten genau Bescheid und mussten sich beim Stallmisten immer anhören, wie großartig Robert war.

An einem sommerlichen Tag im September hantierte er noch an seinem Fahrrad, als ich dazukam. Mein Herz raste vor Aufregung und ich konnte spüren, wie ich rot im Gesicht wurde. Das war wirklich peinlich. Ich versuchte, mir kalte Luft ins Gesicht zu pusten, um mich ein wenig abzukühlen. Robert drehte sich zu mir um und lächelte mich an. Ich glühte zurück und traute mich kaum, ihn anzusehen, weil ich mich so sehr für mein rotes Gesicht schämte. »Fährst du nach Hause?«, wollte er wissen.

»Nein, in den Stall«, gab ich zur Antwort und beugte mich ganz tief zu meinem Schloss herab, um meine Gesichtsfärbung zu verstecken.

»Wo liegt denn der Stall?«, hakte Robert nach.

»In Bonn«, murmelte ich zurück, noch immer mit dem Kopf nach unten.

»Hast du etwas dagegen, wenn ich ein Stück mitfahre?« Innerlich schrie ich »Hurra!«, nach außen drang nur ein leises »Gerne«. Und ich war so aufgeregt, dass ich nun noch mehr Hitze in meinem Gesicht spürte, was ein sicheres Zeichen für noch mehr rote Farbe war. Erst seine Frage, ob ich Hilfe mit dem Schloss bräuchte, ließ mich wieder klarer denken. Ich konnte mich schließlich nicht ewig hinter meinem Fahrrad verstecken. Als er mich sah, lächelte er wieder so schief. Das schönste Lächeln der Welt!

Im Fahrtwind kühlte sich auch mein Gesicht allmählich wieder ab. Wir lachten und redeten und genossen die gemeinsame Fahrt. »Musst du nicht nach Hause?«, fragte ich, als wir an der Fähre ankamen, aber er meinte, das sei schon okay. Robert brachte mich bis zum Reitstall – fast 20 Kilometer! Meine Freundinnen sahen mir sofort an, dass es sich bei meiner männlichen Begleitung um den tollen Robert handeln musste. Sie kicherten. Robert verabschiedete sich zwar ziemlich schnell, aber am nächsten Tag brachte er mich wieder zum Stall. Und am übernächsten Tag wieder. Es war wunderschön. Manchmal fuhren wir Händchen haltend. Dann fuhren wir Rennen. Es war jeden Tag ein Riesenglück. Und das sogar bis in den Winter hinein, als das Wetter ekelhaft kalt und nass wurde. Glücklicherweise schneit es bei uns nicht so häufig. Und auch Eisglätte ist eher selten. So konnten wir jeden Tag gemeinsam Rad fahren.

Wenn ich heute an diese Zeit zurückdenke, staune ich immer noch über Roberts Ausdauer. Er hätte sicher auch ein Mädchen gefunden, das er nicht jeden Tag bei jedem Wetter fast zwanzig Kilometer bis zu einem Reitstall hätte begleiten müssen. Aber er hat es gerne getan. Der tolle Robert.

Aber dann geschah das mit meinem Stiefvater.

Danach fühlte ich mich unfähig, auf Roberts SMS zu antworten. Ich war innerlich wie tot, meine Seele abgestorben. Nur mein Körper lebte irgendwie noch und schleppte sich, nachdem mein Stiefvater mir klargemacht hatte, dass ich gefälligst weiter funktionieren sollte, am nächsten Tag wieder in die Schule.

Ich sah Roberts schiefes Lächeln, als er mich entdeckte. Aber in mir regte sich nichts. In der Pause schlenderte er zu mir mit einem kleinen Paket in der Hand. »Hier – zum Geburtstag«, strahlte er. Aber ich drehte mich einfach um und ließ ihn mit dem Päckchen stehen. Obwohl ich so abweisend war, bemühte sich Robert noch eine Weile um mich, schickte SMS oder versuchte, mich zum Stall zu begleiten, aber ich ließ ihn eiskalt abblitzen. Ich habe ihn einfach ignoriert, konnte nicht mit ihm reden. Ich konnte mit niemandem reden. Es war, als ob ich in einem Karton sitzen würde, nein, als ob ich ein Karton wäre. Klotzig, leer und tot.

An einem Wochenende tauchte Robert im Stall auf. »Mensch, Anna, was ist denn los?«, fragte er und ich sah in seinen Augen, wie sehr ihn mein Verhalten verwirrte und verletzte. Aber ich stöhnte nur, verdrehte die Augen und ließ ihn ein letztes Mal stehen. Von da an hat er mich in Ruhe gelassen.

Noch heute denke ich oft an Robert – die einzige Schwärmerei meines Lebens. Auch jetzt fällt er mir wieder ein, als ich für das nächste Verhör, das wir ja letzte Woche abbrechen mussten, auf das moderne Polizeigebäude zulaufe. Wahrscheinlich wundert er sich bis heute, was damals mit mir los war. Aber was hätte ich ihm sagen sollen?

Am Empfang wartet bereits Herr Rabe, mein Anwalt, auf mich. Er steckt in einem steifen schwarzen Anzug und streckt mir fast roboterartig die Hand entgegen. Für ihn ist es wahrscheinlich schon Stress, wenn er mich nur sieht, denke ich. Die Überforderung steht ihm wie immer ins Gesicht geschrieben. »Und, fühlen Sie sich heute stark genug?«, will er wissen. Was für eine dämliche Frage! Ich zucke nur mit den Schultern. »Na, dann wollen wir mal!«, sagt er nun, um einen lockeren Ton bemüht, als wir in den Fahrstuhl steigen. Ich seufze tief, woraufhin Herr Rabe mir den Oberarm tätschelt. »Das wird schon!«, sagt er. Eine Floskel nach der anderen!

Oben angekommen, läuft uns Herr Krause schon auf dem Flur über den Weg: »Gehen Sie schon mal vor, Sie wissen ja, wo es langgeht. Ich komme gleich.« Wie das klingt! Als ob ich hier Stammgast wäre. Ich sehe Herrn

Krause hinterher. Irgendwie mag ich ihn. Erstaunlich, wenn man bedenkt, dass wir uns ausnahmslos in dieser fürchterlichen Befrage-Situation begegnen.

Herr Rabe öffnet die Tür zum Vernehmungszimmer. Mein Blick fällt immer zuerst auf die Spielzeugecke. Was manche Erwachsenen Kindern antun, ist schrecklich!

Krause: »Weißt du, ob deine Mutter damals mitbekommen hat, was zu Hause vorgefallen ist?«

Rechtsanwalt Rabe: »Darauf müssen Sie nicht antworten! Wenn Sie mit der Beantwortung dieser Frage Ihre Mutter belasten würden, ist es Ihnen freigestellt, ob Sie aussagen möchten oder nicht. Denken Sie da bitte dran.«

Krause: »Ja, das stimmt natürlich. Du musst dazu nichts sagen, wenn du nicht möchtest. Aber es wäre schon hilfreich, um die Situation besser verstehen zu können.«

Ich: »Sie hat es mitbekommen, klar.«

Krause: »Woher meinst du, das zu wissen? Hat sie mal was dazu gesagt oder es sogar gesehen?«

Ich: »Meine Güte, so dumm kann ein Mensch doch gar nicht sein. Sie war immer, jedes gottverdammte Mal, wenn es passiert ist, zu Hause. Was bitte soll sie denn gedacht haben, was er immer bei mir macht? Meinen Sie, sie kam auch nur ein einziges Mal hoch und hat geguckt? Nein. Natürlich nicht. Wieso auch? Und oft genug ging es mir beschissen. Meinen Sie, das hat sie auch nur einen Scheißdreck interessiert? Nicht im Geringsten. Und blaue Flecken oder so hat man natürlich auch immer mal. Schon klar. Außerdem hat sie mal selbst gesagt, ich solle doch glücklich sein und mich nicht so anstellen, wo ich schon alles bekomme, was ihr zustehen würde.«

Krause: »Hat sie damit die sexuellen Übergriffe gemeint?«

Ich: »Was denn sonst?«

Krause: »Aber wenn sie dir nicht geholfen hat in all der Zeit, wieso hast du denn trotzdem noch später versucht oder dich bemüht, den Kontakt zu ihr aufrechtzuerhalten? Musst du nicht unwahrscheinlich sauer auf sie sein?«

Ich: »War klar, dass Sie das nicht verstehen können. Wahrscheinlich denken Sie auch, ich habe es so gewollt. Was könnte ich mir auch mehr wünschen? Aber sie war oder ist immerhin trotzdem noch meine Mutter. Und früher, bevor er kam, war sie ja auch nicht so. Sie hat bestimmt vieles auch nicht so gewollt.«

Krause: »Und meinst du nicht, es wäre nach dieser Ausgangslage eher ihre Aufgabe, auf dich zuzugehen?«

Ich: »Was ist das denn schon wieder für eine Frage? Natürlich wäre es ihre Aufgabe. Aber sie ist dazu eben nicht in der Lage. Und ist es mittlerweile schon verboten, jemandem verzeihen zu wollen?«

Krause: »Dann frag ich mal so. Ist die Sache denn zu verzeihen?«

Ich: »Ihm kann ich garantiert nicht verzeihen, falls Sie das meinen. Niemals. Aber ihr vielleicht schon. Sie braucht selber Hilfe. Und manchmal denke ich, noch dringender als ich.«

Auszug aus dem Vernehmungsprotokoll, 8. Juli 2011, 14:13 Uhr

Nun werde ich fast wütend auf den netten Herrn Krause! Was will er denn mit meiner Mutter? Was hätte sie denn tun sollen? Und mir fällt eine kurze Situation ein, in der sie tatsächlich versucht hatte, mich zu schützen. Ich war vielleicht 14 Jahre alt. Damals kam ich etwa fünf Minuten später nach Hause, als vereinbart war. Ich hielt mein Handy in der Hand, weil ich meiner Freundin noch eine Kurznachricht schicken wollte, als mein Stiefvater in den Flur stürmte: »Wo kommst du jetzt her?«, brüllte er. »Entschuldigung, der Bus ...«, stammelte ich.

Er tobte weiter: »Du gibst mir jetzt sofort dein Handy!« – »Nein!«, widersprach ich und versuchte hektisch, das Handy in meine Hosentasche zu schieben. Inzwischen war meine Mutter hinter ihm aufgetaucht und versuchte, ihn zu besänftigen. »Es waren doch nur fünf Minuten«, fing sie an, aber ihre Worte gingen in seinem Geschrei unter.

Mein Stiefvater war außer sich: »Du gibst mir jetzt sofort dein Handy, sonst passiert was!«

Ich weiß gar nicht mehr, warum ich mich so weigerte. Ich hatte es einfach satt, dass er uns so terrorisierte, und war trotzig und stur. Da stürzte er sich plötzlich auf mich, schlug mir sofort mit der Faust ins Gesicht. Meine Mutter schrie auf und versuchte, sich an seinen Arm zu klammern, um weitere Schläge zu verhindern: »Lass Anna doch in Ruhe, lass sie doch in Ruhe!«, wimmerte sie, während er mit einem Ruck seinen Arm befreite und meine Mutter dann mit Wucht gegen die Wand warf.

»Mama!«, kreischte ich und rannte zu ihr. Meine Mutter lag benommen am Boden. Aus einer Platzwunde am Kopf sickerte Blut. Mein Stiefvater schnaufte zornig. Erst stand er unschlüssig im Flur, dann drehte er sich abrupt um und ging.

Meine Mutter kam langsam wieder zu sich und kämpfte sich auf die Beine. Durch den Alkohol fiel ihr das doppelt schwer. Kein Wort zu mir. Ich fühlte mich schrecklich. Hätte ich ihm doch bloß mein blödes Telefon gegeben! Dann wäre Mama nichts passiert. Jetzt hatte sie meinetwegen Schmerzen. Und ich wollte mir gar nicht ausmalen, was er noch mit ihr anstellte. Widerspruch konnte er nicht leiden.

Leise schlich ich die Treppen hinauf in mein Zimmer. Ich wollte keinem von beiden heute noch einmal begegnen. Erst als mein Hunger zu groß wurde, ging ich noch einmal nach unten in die Küche. Dort schmierte ich mir schnell ein Käsebrot und nahm mir eine Flasche Wasser aus der Kiste.

Da fiel mein Blick auf unseren Messer-Block. Mit Herzklopfen zog ich eines der kürzeren Messer heraus und betrachtete es. Es war sehr spitz und sah ziemlich scharf aus. Mein Herz raste. Damit könnte ich mich im Notfall sicher verteidigen. Ich versteckte es, so gut es ging, zwischen Arm und Körper und rannte die Treppe hinauf, um das Messer hinter meinem Bett zu verstecken. Wenn er heute Nacht käme, würde ich mich wehren, nahm ich mir vor. Immer wieder sagte ich es vor mich hin.

Aber er kam nicht. Und am nächsten Tag trug ich das Messer heimlich wieder zurück in die Küche. Ich würde mich eh nicht trauen, es hinter meinem Bett hervorzuziehen, wenn er mich bedrängte. Ich würde es mich einfach nicht trauen. Und selbst wenn ich es täte, wäre er sicher so wütend, dass er mich kurzerhand abstechen würde. Schließlich hat er viel mehr Kraft als ich und bestimmt auch weniger Skrupel, da war ich mir sicher.

Resigniert ging ich zurück in mein Zimmer. Unsere einzige Chance wäre, wenn er mit dem Lkw einen schlimmen Unfall bauen würde, wenn er einfach nicht mehr von einer Fahrt zurückkäme, dachte ich und begann, mir das aus ganzem Herzen zu wünschen. Nur wenn er tot wäre, könnten mein Bruder, ich und auch meine Mutter wieder ein normales Leben führen. Einen anderen Ausweg sah ich nicht. Denn offensichtlich schaffte es meine Mutter nicht, sich von diesem Mann zu trennen. Warum auch immer. Sie war wie abhängig.

Krause: »Weißt du denn, wie es ihr jetzt zu Hause ergeht im Zusammenleben mit ihm?«

Ich: »Scheiße. Einmal hat sie mich mitten in der Nacht völlig fertig angerufen und gesagt, dass es so nicht mehr geht und er sie irgendwann umbringen wird. Und ich ihr helfen soll. Ihr war es ganz wichtig, dass erst mal die Tiere – ihr Hund und ihre Katzen – versorgt sind und irgendwo untergebracht werden. Ich hab mich um alles gekümmert und war so froh, dass sie es endlich eingesehen hat. Wollte sie am nächsten Tag abholen, ins Frauenhaus bringen und dann die Polizei informieren. Und was ist? Am nächsten Tag sagt sie, ich solle sie gefälligst in Ruhe lassen, es wäre schließlich ihr Leben.«

Krause: »Hast du dann trotzdem was unternommen?«

Ich: »Nein. Ich hab ewig hin und her überlegt, ob ich trotzdem zur Polizei gehen soll. Aber mit Garantie hätte sie dann alles abgestritten und ich weiß nicht, was dann passiert wäre.«

Auszug aus dem Vernehmungsprotokoll, 8. Juli 2011, 14:40 Uhr

Ich mustere Kriminalkommissar Krause. Zum ersten Mal habe ich das sichere Gefühl, dass er mich nicht versteht. »Sie verstehen das nicht mit meiner Mutter, stimmt's?«, frage ich deshalb direkt. Er sieht mich ernst an. »Ich finde es traurig«, sagt er schließlich vorsichtig. Ich nicke. Traurig finde ich es auch. Aber ich glaube, dass Mama sich nicht anders verhalten kann. Das sage ich ihm auch: »Sie traut sich einfach nicht mehr, sich aufzulehnen. Dafür hat er sie schon zu kaputt gemacht.«

Mir fällt unser letztes Treffen am 16. Juni ein, einen Tag,

bevor ich zum ersten Mal in diesem Verhörzimmer gelandet bin. Damals wollte ich meine Mutter besuchen. Obwohl es ihr egal zu sein schien, bemühte ich mich, den Kontakt nicht komplett abbrechen zu lassen. Am Telefon hatte sie mir versichert, dass mein Stiefvater nicht zu Hause sein würde. »Ich komme gerade vom Einkaufen und er ist nicht da. Du kannst schon kommen«, nuschelte sie in den Hörer.

»Okay, dann bin ich gegen vier bei dir«, versprach ich und legte auf. Als ich mit meinem Auto auf die Einfahrt fuhr, wies nichts darauf hin, dass mein Stiefvater zu Hause sein würde. Kein Auto, nichts, was mich gewarnt hätte. Glücklicherweise gelang es mir seit meinem Auszug recht erfolgreich, ihm aus dem Weg zu gehen. Aber als ich kurz darauf die Küche betrat, saß er da – und es war, als würde mir jemand die Luft abdrehen: »Ah, die Frau mit dem Alabaster-Körper«, knurrte er und lächelte hässlich. Ich war in Schockstarre. Obwohl er mich seit meinem Auszug nie wieder missbraucht hatte, spürte ich jedes Mal Panik, wenn ich ihn sah. Ich ignorierte ihn, so gut es ging, und fragte Mama, wie es ihr ging. »Ach, mein Kreislauf macht mir zu schaffen«, jammerte sie und torkelte hinüber zum Küchentisch. Durch den Alkohol wurde sie immer dünner und klappriger. Sie sah schlimm aus. Ich wusste nicht, was ich sagen sollte. Die Situation war unangenehm und die Stimmung angespannt.

»Weißt du, ich muss auch gleich weiter«, schwindelte ich deshalb. Keine Sekunde länger wollte ich mit meinem Stiefvater verbringen. Ich wollte mich gerade von meiner Mutter verabschieden, als zwischen ihr und meinem Stiefvater ein Streit eskalierte.

Die beiden hatten anscheinend schon vor meiner Ankunft über dieses Thema gestritten. Offensichtlich war meine Mutter beim Einkaufen mal kurz nicht ans Telefon gegangen. Kein Wunder. Er rief ja auch im Minutentakt an, um sie zu kontrollieren. »Was hast du gemacht, will ich endlich wissen!«, seine Stimme klang scharf.

»Ni-ichts«, beteuerte meine Mutter. Mein Stiefvater kniff die Augen zusammen: »Pass mal auf, ich bin nicht nach Hause gekommen, um mir so eine Scheiße anzuhören! Du sagst mir jetzt, wo du warst!«

»Beim Ein...kau-fen.« Mama lallte. Ich konnte mich nicht losreißen. Diese Situation kannte ich. Ich wusste genau, was gleich passieren würde, schließlich hatte ich es schon Hunderte Male erlebt. Ich kannte seinen Blick, jede Regung, es war, als ob ich es riechen könnte: Gleich würde er ausrasten. Und tatsächlich. Plötzlich sprang er auf. Der Stuhl kippte um. Es krachte. Mein Stiefvater brüllte: »Das kannst du mit mir nicht machen!« Und dann prügelte er auf meine Mutter ein. Er schlug hin, wo er sie erwischen konnte. Sie wollte davonkriechen, aber er hielt sie fest. Meine Mutter schrie. Und er schlug zu. Ich stürzte mich zwischen sie, wollte meiner Mutter helfen. Da ließ er sofort von ihr ab und schlug auf mich ein. Meine Mutter kämpfte sich zurück auf den Küchenstuhl und wartete ab, dass er wieder von mir abließ. Sie sah einfach zu, wie mein Stiefvater mich verprügelte. Erst als ich regungslos am Boden lag, alles blutverschmiert war, ließ er mich in Ruhe und ging aus dem Zimmer. Ich wartete noch eine Weile, dann stand ich auf, wusch mir das Blut ab und ging zu meinem Auto. Und am nächsten Tag bat mich dann mein Ausbildungsleiter zum Gespräch.

5. Vierte Vernehmung

»Nach massivem sexuellem Missbrauch kommt es häufig zu starken Bindungsstörungen. Die Opfer haben eine sehr negative Intimität erlebt, eine erzwungene Nähe, die zu einem Trauma führen kann. Die Folgen sind dramatisch: belastende Erinnerungsbilder, Schlafstörungen, Essstörungen. Ihr grundlegendes Sicherheitsgefühl wurde so massiv erschüttert, dass die Opfer oft den Glauben an die Welt und die Menschen verlieren. Je schwerer die Traumatisierungen, desto schwerer ist der Weg zurück in ein normales Leben.«

Christian Luedke, Psychotherapeut

Ich habe es schon wieder getan. Diesmal am anderen Oberschenkel. Angeekelt starre ich auf die dicke hässliche Wunde. Neben mir auf dem Sofa liegt das blutige Verbandszeug aus der Klinik. Ich habe es abgewickelt und die Pflaster von der Haut gerissen, weil ich sehen will, was ich da schon wieder angestellt habe. Ich hasse es so sehr! Warum mache ich das? Ich weiß doch, dass es nicht gut ist. Mein Blick wandert über meine Beine mit den unzähligen Narben. Manche sind nur noch schmale weiße Streifen, andere sind rosa und wulstig, insgesamt ein abstoßender Anblick.

Ich schüttele über mich selbst den Kopf: Ich tue es immer wieder, habe es überhaupt nicht im Griff. An manchen Tagen ist es mir sogar total egal, wenn die Leute meine Narben sehen. Sollen sie doch gucken! Sollen sie doch denken, was sie wollen! Was für ein kaputter Mensch ich bin – oder was auch immer.

An anderen Tagen will ich diesen Teil von mir verstecken. Da möchte ich nicht zeigen, wie zerstört ich bin. Da möchte ich so gesund und leicht aussehen wie alle anderen Frauen in meinem Alter. Und an diesen Tagen ärgere ich mich dann besonders, dass die Kollegen bei der Arbeit wissen, dass ich dieses Selbstverletzungs-Problem habe. Im Büro will ich doch zeigen, dass ich alles im Griff habe. Oder noch viel schlimmer: Da will ich immer zeigen, dass ich die Beste bin. Wie in der Schule. Wie beim Reiten. Immer die Beste sein! Dann bin ich ausdauernd, ehrgeizig und diszipliniert und kann es schwer ertragen, wenn jemand anderes besser ist. Es ist bescheuert und fast ein wenig peinlich. Aber schon in der Schule konnte ich es nicht ab, wenn ein anderer bei irgendetwas besser war.

Deshalb ärgere ich mich doppelt, dass ich mit dem Selbstverletzen nicht aufhören kann. Andere Sachen schaffe ich doch auch, bin konsequent und kontrolliert. Nur diese Selbstverletzerei macht sich immer wieder selbstständig. Ich verstehe das nicht! Das ist wirklich unglaublich. So dumm kann doch ein Mensch gar nicht sein, wie ich es bin! Zu nichts in der Lage, zu nichts fähig. Traumhaft. 100 Punkte hat der Kandidat. Vielleicht auch noch ein paar mehr. Gelungenes Leben. Schön viel Blut. Herrlich. So kann man sich sein Leben auch kaputt machen.

Während ich so dasitze, merke ich, dass ich es schon

wieder tun könnte. Ich gerate in diesen Strudel. Ganz allmählich drehe ich mich mit. Erst langsam die großen Kreise ... Mir fehlt die Energie, die mich davon abhalten würde. Oder ein Ziel. Die ganzen Narben sind kacke und sie verbauen mir einiges. Aber verdammt! Ist es nicht eh schon zu spät? Ich bin es eben nicht wert. Und mein Scheißkörper hat es doch nicht anders verdient, als Narben zu haben.

Essen – genau das Gleiche. Wieso Essen? Klar, ich brauche Kraft und Energie. Auch für meinen Sport, der ja alles in meinem Leben ist – mein einziger Lichtblick. Aber trotzdem ... Ich muss mich wirklich zum Essen zwingen. Ich weiß, welche Portionsgrößen eine Frau normalerweise isst, und die versuche ich dann tatsächlich zu schaffen. Hunger habe ich nie. Magersucht ist anders. Da will man abnehmen. Das will ich gar nicht. Ich denke nur nicht daran zu essen.

Meine Gedanken machen mich verrückt. Ich mache mich verrückt.

Behutsam versuche ich, das Pflaster wieder aufs Bein zu kleben, aber es hält nicht mehr richtig. Deshalb fixiere ich es mit dem Verband. Fast liebevoll halte ich ihn mit der einen Hand fest und wickele ihn mit der anderen um mein geschundenes Bein. Mein armes Bein. Ist einfach beim falschen Menschen festgewachsen und muss das nun ausbaden ...

Erstaunt stelle ich fest, dass der Strudel mich allmählich loslässt. Ganz von allein schubst er mich zurück aufs Sofa, ohne dass ich mir eine neue Verletzung zugefügt habe. Glück gehabt! Auch wenn ich nicht weiß, warum.

Mit einem tiefen Schnaufer und einem stechenden Schmerz im Bein rappele ich mich auf, um mich an den

Computer zu setzen und meine Missbrauchs-Forum-Seite aufzurufen. Wenn mich jemand versteht, dann meine virtuellen Freundinnen. Bestimmt haben viele von ihnen schon ähnliche Erfahrungen gesammelt wie ich.

»Im Moment ist einfach wieder das Thema Selbstverletzen so aktuell. Fakt ist, dass ich es nicht will und es nicht darf. Und trotzdem bin ich in einigen Momenten unfähig, es zu verhindern. Völlig bescheuert!

Problem ist einfach, dass ich es absolut nicht steuern kann, wenn es denn passiert. Vielleicht hätte ich kein so großes Problem damit, wenn ich wüsste, dass nichts passiert, was wirklich bedrohlich ist. Aber genau das bekomme ich ja nicht auf die Reihe. Ich wollte mich nie wieder so verletzen, dass es chirurgisch versorgt werden muss. Aber ich kann es nicht kontrollieren. Der Arzt im Krankenhaus hat mich gefragt, was ich denn bitte aus mir herausschneiden will. Keine Ahnung. Alles Eklige wahrscheinlich. Und das Schlimme ist: Wenn es wie in Trance passiert, dann merke, denke ich: Na, klasse! Aber es tut nicht weh oder schockiert mich. Obwohl das halbe Bein aufgeschlitzt ist, finde ich es eher noch faszinierend, die anatomischen Strukturen und verschiedenen Schichten mal real zu sehen. Ist das nicht völlig krank? Natürlich musste ich mir vom Arzt auch wieder anhören, dass er mich so normalerweise gar nicht nach Hause gehen lassen dürfte. Aber danach bin ich ja absolut klar und kann mich völlig davon distanzieren. Wie gesagt: Ich will es ja tatsächlich nicht.«

Eintrag in ein Missbrauchs-Forum, 14. Juli 2011, 21:13 Uhr

Dann schalte ich den Computer auf Stand-by und hinke in die Küche, weil mir eingefallen ist, dass ich heute Abend noch nichts gegessen habe. Meine Freundin Kerry hat mir ein Fertig-Risotto geschenkt, weil ihr aufgefallen ist, dass ich noch weiter abgenommen habe. »Das geht schnell, ist lecker und bio«, hat sie erklärt, als sie es in meiner Küche abgestellt hat, zusammen mit allerlei anderen Leckereien. Meine liebe Freundin Kerry! Ich schütte die Mischung mit etwas Brühe und Weißwein in einen Topf und gieße mir selbst auch noch ein Glas Wein ein. Damit ich später besser einschlafen kann ... Dabei schießt mir ein heißer Stich in die Magengegend – denn morgen muss ich schon wieder zur Vernehmung und die Abende davor und danach sind immer die schlimmsten. Ich seufze. Wahrscheinlich verletze ich mich deshalb so heftig. Es gab Phasen nach meinem Auszug, da habe ich es längere Zeit überhaupt nicht getan. Vor allem, seit ich die Ausbildung begonnen habe und nicht mehr diesen Escort-Kram mache. Aber seit dieser ganze Wahnsinn mit der Anzeige begonnen hat, passiert es mir manchmal wieder mehrmals pro Woche. Allerdings meistens nicht so heftig wie heute. Mein Bein schmerzt. Wahrscheinlich werde ich schon deshalb nicht einschlafen können. Ich brauche noch mehr Wein. Und wieder ein Schmerz in der Magengegend. Diesmal denke ich an meine Mutter. Ich möchte nicht so enden wie sie. Aber ich habe solche Panik davor, wach im Bett zu liegen, nicht einschlafen zu können – denn dann kommen all diese schlimmen Bilder. Am besten, ich gehe zum Hausarzt und lasse mir ein Schlafmittel verschreiben. Gleich morgen. Also darf ich es heute noch mit Wein versuchen ...

Und während ich dasitze und mein Risotto esse, kommen mir wieder die vielen bösen, zermürbenden Gedanken. Ich frage mich, was aus uns geworden wäre, wenn mein

Vater nicht krank geworden wäre. Wäre meine Mutter dann Alkoholikerin? Mein Bruder essgestört? Ich ein Narben-Monster? Hätte? Könnte? Müsste? Es sind unsinnige Gedanken! Es ist, wie es ist. Und momentan ist es so, dass ich am nächsten Morgen wieder in das große Polizeigebäude muss, um zum vierten Mal die Fragen von Kriminalkommissar Krause zu beantworten.

Mein Anwalt Herr Rabe erwartet mich wie gewohnt im Foyer und streckt mir zur Begrüßung seine schlappe Hand entgegen. Erfreulicherweise versucht er es nicht wieder mit lahmem Smalltalk, sondern lässt mich einfach in Ruhe. Wie selbstverständlich betreten wir das Vernehmungszimmer und nehmen auf unseren üblichen Stühlen Platz. Martin Krause beginnt ohne Umschweife mit der Befragung.

Krause: »Gab es damals eigentlich niemanden in deinem Umfeld oder Freundeskreis, dem etwas aufgefallen ist?«
Ich: »Doch, schon. Meine eine Klassenlehrerin damals hat mich immer mal wieder angesprochen, ob alles in Ordnung sei.«
Krause: »Und was hast du geantwortet? Beziehungsweise was hat sie gesagt, warum sie überhaupt auf dich zugekommen ist?«
Ich: »Sie meinte halt, dass sie sich Sorgen macht. Ich sei oft so abwesend, blass und wirke immer völlig in Gedanken versunken. Hab auch oft keinen Sport mitgemacht, also eigentlich nie. Das fällt natürlich irgendwann auf.«
Krause: »Und wie hast du dann reagiert?«
Ich: »Ich hab erst immer gesagt, dass alles gut ist. Aber sie war da wirklich hartnäckig. Irgendwann hab ich ihr was gesagt.«
Krause: »Kannst du dich noch daran erinnern, was du gesagt hast?«

Ich: »Ja. Ich war völlig fertig. Ich hab dann nur gesagt, dass ich mit meinem Stiefvater ins Bett muss. Völlig bescheuert. Aber mir fehlten völlig die Worte.«
Auszug aus dem Vernehmungsprotokoll, 15. Juli 2011, 10 Uhr

Eigentlich wollte ich damals gar nichts sagen. Zu groß war meine Scham und die Angst, dass meiner Mutter dann etwas zustoßen könnte – schließlich hatte er es oft genug angedroht und ich hatte nie daran gezweifelt, dass er es auch tun würde. Aber irgendwie hatte meine Lehrerin Frau Schiller anscheinend den richtigen Moment erwischt. Ich glaube, das war, nachdem mein Stiefvater mal wieder besonders brutal vorgegangen war – etwa ein halbes Jahr, nachdem die Übergriffe begonnen hatten. Ich war also dreizehneinhalb. Zu diesem Zeitpunkt waren seine Übergriffe schon unglaublich brutal. Und nach genau so einem Vorfall fing mich meine Lehrerin erneut vor der Klasse ab: »Komm bitte mal mit mir ins Besprechungszimmer.«

Ich fühlte mich sofort unwohl. Seit den Weihnachtsferien waren meine Noten in den Keller gerutscht. War ich früher eine fleißige, ehrgeizige und überengagierte Schülerin gewesen, zog ich mich seit dem ersten Übergriff komplett zurück. Ich nahm nicht mehr am Unterricht teil, verweigerte mich bei Klassenarbeiten, schwänzte. Meine Lehrerin hätte blind und taub sein müssen, um diesen Hilferuf nicht wahrzunehmen. Aber trotzdem war es irgendwie nur ein halbherziger Hilferuf. Ich wollte unbewusst zeigen, wie kaputt ich gemacht wurde, traute mich aber nicht, tatsächlich dagegen anzugehen. Wie hätte ich es auch sagen sollen?

Mir war kotzübel und mein Herz schlug bis zum Hals, als

ich den kleinen Raum gegenüber des Schulleiter-Büros betrat. Dort standen ein Tisch und zwei Stühle. Wir setzten uns. »Anna, was ist denn los mit dir?«, fing meine Lehrerin an und sah mir mit ihren schönen blauen Augen direkt ins Gesicht. Sie war noch recht jung, sehr freundlich und bei allen beliebt. Ich drehte meinen Kopf demonstrativ zur Seite, um die langweilige weiße Wand anzustarren und nicht ihren liebevollen und besorgten Blick aushalten zu müssen. »Ich merke doch, dass etwas nicht stimmt. Hast du Kummer zu Hause?«, bohrte sie ungeachtet meiner offensichtlichen Ablehnung mit sanfter Stimme weiter.

Ich starrte weiter die Wand an.

Frau Schiller ließ nicht locker: »Anna, du wirst sitzen bleiben, dabei warst du doch so eine gute Schülerin. Dafür muss es doch einen Grund geben!«

Ich schüttelte den Kopf.

»Anna, ich möchte dir doch nur helfen. Was hast du?«

An-die-Wand-Starren.

»Du bist so ein waches, intelligentes Mädchen. Das kann doch nicht sein!«

An-die-Wand-Starren mit Tränen in den Augen.

Frau Schiller blieb hartnäckig: »Bitte, Anna, bitte!«

Noch mehr Tränen in den Augen. Und die vage Hoffnung: Vielleicht könnte sie mir ja doch helfen und diesen Albtraum beenden?

»Soll ich dir ein Blatt Papier und einen Stift geben, damit du es aufschreibst?«, hakte sie nach und kramte schon in ihrer Tasche, um Schreibzeug auf den Tisch zu legen.

Und dann habe ich es aufgeschrieben und sie hat mich mitleidig angesehen und ihre schönen blauen Augen sahen plötzlich ganz traurig aus.

»Und was machen Sie jetzt?«, wollte ich wissen.

»Darüber muss ich erst mal nachdenken.«

Da wurde ich panisch: »Bitte machen Sie nichts!« Meine Mutter fiel mir ein. Und die Drohung meines Stiefvaters: Wenn du nicht willst, dass deiner Mutter etwas zustößt ... Ich wurde beinahe hysterisch: »Bitte, Frau Schiller, sagen Sie nichts!«

Und sie streichelte über meine Schulter und tröstete mich: »Ich werde nichts machen, ohne es vorher mit dir abzusprechen, okay?«

Ich nickte erleichtert, fühlte mich aber gleichzeitig furchtbar. Ich hätte niemals mit jemandem über dieses Geheimnis sprechen dürfen! Niemals! Und jetzt kannte es meine Klassenlehrerin. Das war ein Fehler!

Kriminalkommissar Krause scheint diese Neuigkeit besonders spannend zu finden: Aufgeregt knetet er seine Hände und beugt sich mit dem Oberkörper zu mir herüber, als er weiter nach meiner Lehrerin fragt.

Krause: »Wie hat sie denn darauf reagiert? Das muss ja gewiss schockierend für sie gewesen sein, so etwas zu hören.«

Ich: »Ja, ich glaub auch. Sie meinte gleich, das kann doch nicht sein und da müssen wir was unternehmen und zur Polizei gehen. Das war aber das, was ich überhaupt nicht wollte.«

Krause: »Aus welchem Grund wolltest du das nicht?«

Ich: »Mann, ich hatte verdammte Angst. Ich hatte ja keine Ahnung, was passiert, wenn er das mitbekommt. Und wieso hätten sie mir auch glauben sollen?«

Krause: »Hat er dich denn in irgendeiner Form bedroht, dass du nichts sagen darfst?«

Ich: »Meinen Sie, er hat mir gesagt, ach, geh ruhig hausieren damit, oder wie? Klar. Er hat dauernd gesagt, dass ich dran denken soll, wie steil doch unsere Treppen sind und wie leicht da mal eine angetrunkene Frau runterfallen kann. Tragische Unfälle könnten eben immer mal passieren. Reicht das nicht?«

Krause: »Doch, ich verstehe diese Angst schon. Obwohl es da ja Mittel und Wege gibt, einen davor zu schützen. Wie ist es denn dann weitergegangen?«

Ich: »Mit meiner Lehrerin?«

Krause: »Ja, genau.«

Ich: »Sie hatte mir versprochen, nichts zu unternehmen, was ich nicht wollte. Und dann sagte sie noch, dass ich auf mich aufpassen solle und sie jederzeit anrufen könne, wenn ich es mir anders überlegen würde. Netterweise hat sie dann aber bei meiner Mutter zu Hause angerufen und ihr von unserem Gespräch erzählt.«

Auszug aus dem Vernehmungsprotokoll, 15. Juli 2011, 10:21 Uhr

Als ich an diesem Tag damals nach Hause kam und meine Mutter am Telefon hörte, wusste ich sofort, wer dran war. »Das hat sie erzählt?«, hörte ich sie sagen und ich wünschte mir, der Boden würde aufreißen und mich verschlingen. Ich lugte vorsichtig um die Ecke. Meine Mutter stand leider nicht mit dem Rücken zur Tür, sodass sie mich sofort entdeckte. Ihr Blick war vernichtend! Selten hatte sie mich so wütend angesehen. Ich war total schockiert! Wie konnte Frau Schiller meine Mutter anrufen!? Sie hatte doch versprochen, nichts zu unternehmen. Der nächste Gedanke traf mich wie ein Faustschlag in den Magen: Frau Schiller glaubte mir nicht, anders war ihr Verhalten nicht zu erklären. Ich fühlte mich schlagartig wie eine Marionette, deren

Fäden abgeschnitten wurden. Fallen gelassen, unfähig, sich alleine zu bewegen, am Boden. Und dann kam die Panik. Was würde mein Stiefvater nun machen? Ich hörte, wie meine Mutter das Telefonat beendete, dann stürmte sie in mein Zimmer und schrie: »Was fällt dir ein? Das ist eine Lüge!« Noch nie habe ich meine Mutter so aufgebracht erlebt. Ich war schockstarr und unfähig, etwas zu entgegnen. Meine Mutter tobte, schimpfte, knallte meine Zimmertür zu und stapfte laut hinunter in die Küche. Ganz leise hörte ich ihre Stimme. Es war mir sofort klar, dass sie nun mit meinem Stiefvater telefonierte. Kurz darauf bestätigte sie meine Befürchtung: »Warte nur, bis dein Stiefvater nach Hause kommt!«, brüllte sie die Treppe hinauf. Damit ließ sie mich stehen. Und ich war vor lauter Schock und Angst wie gelähmt. Daran wegzulaufen, dachte ich nicht mal. Ich war einfach nur starr – in meinen Gedanken und meinen Bewegungen. Atemlos lag ich in meinem Bett und lauschte auf das Brummi-Geräusch, das meinen Stiefvater ankündigen würde.

Krause: »Hat deine Lehrerin deiner Mutter von deinen Vorwürfen berichtet?«

Ich: »Klar. Das zum Thema ›sie unternimmt nichts‹. An diesem Abend dachte ich wirklich, dass es das nun für mich war. Und ich hatte mich damit auch schon abgefunden.«

Krause: »Wie meinst du das? Kann das gerade schwer verstehen, entschuldige bitte.«

Ich: »Na ja, meine Mutter hat es ihm natürlich gleich erzählt.«

Krause: »Oh, alles klar. Wie ist er dann mit der Situation umgegangen?«

Ich: »Wie ich schon gesagt habe. Ich dachte halt, ich würde sterben.«

Krause: »Ich muss dich das fragen: Was ist konkret passiert?«
Ich: »Was soll schon passiert sein? Er ist ausgerastet.«
Krause: »Möchtest du versuchen zu beschreiben, was genau das bedeutet.«
Ich: »Er, er kam zu mir hoch ins Zimmer. Ich lag im Bett und hab so getan, als ob ich schlafen würde. Hab ich aber natürlich nicht. Er hat es auch gleich gewusst. Er hat die Tür aufgerissen und mich angeschrien, dass ich gefälligst aufstehen solle. Hab es natürlich auch gemacht. Irgendwie, es ging total schnell. Mit der einen Hand hat er mich so im Genick gepackt und meinen Kopf nach unten gedreht. Allein davon ist mir schon wahnsinnig schwindelig geworden. Dann, ich hab keine Ahnung, wo er den herhatte, ob er ihn von Anfang an schon in der Hand hatte oder ja, keine Ahnung. Er hat mit einem Ledergürtel immer wieder zugehauen. Ich, ich kann gar nicht mehr sagen, wie oft das war. Ich hatte das Gefühl, dass mein Körper einfach aufplatzt.«
Krause: »Hat er währenddessen irgendwas gesagt?«
Ich: »Er hat mich die ganze Zeit beschimpft. Ich kann nicht mal mehr genau sagen, was genau er gesagt hat. Immer wieder nur, dass ich eine Schlampe sei und was mir einfiele. Er tue alles für mich und meine Scheißfamilie und ich solle gefälligst dankbar für alles sein. Das weiß ich noch. Aber mehr irgendwie nicht. Ich kann das gar nicht so genau sagen, aber es fühlte sich irgendwann so an, als wenn das gar nicht mehr ich gewesen wäre. Ich hab das Blut gesehen und dachte irgendwie nur, dass es gleich aufhört. Und endlich vorbei ist. Irgendwann, ich weiß nicht, wie lange das gedauert hat, hat er mich losgelassen. Bin dann einfach so auf den Boden gefallen und dachte, ich könnte einfach einschlafen und es wäre vorbei. Ich war mir völlig sicher in dem Moment, dass ich nicht wieder aufwache.«
Krause: »Aber du bist zum Glück wieder aufgewacht.«

Ich: »Ob das so ein Segen war, weiß ich nicht. Ich wollte es nicht.«

Krause: »Weißt du denn, wann du wieder aufgewacht bist?«

Ich: »Ja, irgendwann mitten in der Nacht. Ich bin aufgewacht, weil mir wahnsinnig kalt und schlecht war. Ich hab dann die Nacht bis zum Morgen vor der Toilette verbracht. Immer irgendwie zwischen Spucken und Vor-mich-hin-Dämmern. Am Morgen kam dann meine Mutter hoch und hat gefragt, ob das denn nun unbedingt sein musste. Sie hat mir dann gesagt, dass ich mich ins Bett legen soll, und sie hat das Blut vom Boden gewischt, als wenn es das Normalste auf der Welt wäre.«

Krause: »Und sonst hat sie da nichts zu gesagt oder gefragt, wie es dir geht oder was passiert ist?«

Ich: Kopfschütteln.

Auszug aus dem Vernehmungsprotokoll, 15. Juli 2011, 10:58 Uhr

Im Alltag gelingt es mir ganz gut zu verdrängen, wie meine Mutter sich verhalten hat. Dann denke ich daran, wie sie mir als Kind Gummitiere gekauft, im Schwimmbad mit mir herumgealbert und wie glücklich sie dabei ausgesehen hat. Und dann tut sie mir vor allem leid, weil ich weiß, dass sie jetzt auch nicht froh ist mit ihrem Leben. Oft rufe ich sie in solchen Momenten an oder fahre zu ihr, wenn ihr Mann auf Reisen ist. Aber jetzt, wenn der Krause so gezielt danach fragt, wie meine Mutter reagiert hat, fühle ich selbst, wie schrecklich und verantwortungslos sie war. Sie hat mich nicht beschützt. Sie hat es nicht einmal ernsthaft versucht.

Nicht nur, dass meine Noten schlechter wurden. Ich habe auch das Essen verweigert. Mein Stiefvater hat einmal zu mir gesagt: »Ich finde es schön, dass du nun weiblicher wirst.« Also habe ich gedacht, das verhindere ich, indem ich aufhöre zu essen. Aber es hat mir natürlich nichts gebracht – außer dass ich immer dünner und kraftloser wurde.

Wahrscheinlich war es ihr egal. Oder sie war froh, dass er sie dafür in Ruhe ließ. Diese Erkenntnis tut so weh, dass sie mich fast zerreißt. Es ist zu viel Schmerz für mich. Alles. Diese ganze Befragung. Diese abartigen alten Bilder.

Wenn ich über all das reden muss, brechen die Erinnerungen über mir zusammen und begraben mich, ohne dass ich eine Chance hätte, mich freizuschaufeln. Es ist schrecklich. Ich fühle mich so ohnmächtig. Ich hasse das.

Herr Krause sieht mir meine Erschöpfung wohl an und schlägt eine kurze Pause vor. Ich kann bloß noch nicken und fühle mich wie ein Sack – unfähig, selbstständig aufzustehen. Herr Krause erhebt sich von seinem Stuhl und verlässt das Vernehmungszimmer. Mein Rechtsanwalt bleibt neben mir sitzen. »Diese Lehrerin müssen wir unbedingt als Zeugin haben«, jubelt er beinahe, sobald Herr Krause aus dem Raum ist. Zum ersten Mal spüre ich etwas wie Leben in ihm. Seine Entschiedenheit überrascht mich und reißt mich aus meiner Lähmung. Erstaunt sehe ich ihn an. Er sieht plötzlich gar nicht mehr so schlaff aus. Herr Rabe scheint gerade zu wachsen – er wirkt mit einem Mal viel klarer, straffer, aufrechter. Und in seinen Augen blitzt es verwegen.

Einen kurzen Augenblick empfinde ich tatsächlich etwas wie Freude über seinen unerwarteten Kampfgeist. Vielleicht kann er mir doch helfen?

Erst im zweiten Gedankengang verstehe ich die Bedeutung von dem, was er da gerade verkündet hat: Meine Lehrerin soll offenbar vor Gericht erscheinen! Mir schaudert. Ich will sie nicht mehr sehen! Ich will sie nie mehr sehen!

Womöglich erfährt sie dann ganz genau, wie es bei uns zu Hause war, was mein Stiefvater mit mir angestellt hat. Diese feige Verräterin! Das will ich nicht. Ich will nicht, dass meine Geschichte so breitgetreten wird!

Verzweifelt schaue ich zu Herrn Rabe herüber, der weiterhin sehr konzentriert und durchaus zufrieden aussieht. Er scheint meinen Blick richtig zu deuten, denn ohne dass ich etwas sagen muss, erklärt er: »Das ist sehr wichtig. Es erhöht Ihre Glaubwürdigkeit.« Daraufhin traue ich mich nicht mehr, etwas dagegen einzuwenden. Und schon kommt auch Kriminalkommissar Krause zurück. »Geht's wieder?« Er gießt mir ein wenig Sprudelwasser in mein leeres Glas. In seinen Augen lese ich Mitgefühl und Wohlwollen. Und wieder nehme ich mir vor, die beiden Männer hier im Raum nicht immer als Gegner zu sehen. Sie wollen mir doch wirklich nur helfen. Auch wenn sie nicht verstehen, dass ich ihre Hilfe nicht will, weil sie mir nichts bringt. Nichts kann das Geschehene wiedergutmachen. Aber was soll ich machen? Nun sitze ich hier.

Krause: »Nach dem Vorfall ist keiner mit dir zum Arzt oder in die Krankenhausambulanz gefahren? Du hast doch bestimmt eine Gehirnerschütterung gehabt, wenn du dich anschließend gleich übergeben musstest.«

Ich: »Nein.«

Krause: »Bist du denn am nächsten Tag in die Schule gegangen oder war Wochenende?«

Ich: »Nein. Ich war da gar nicht mehr in der Schule. Sie haben mich anscheinend erst einmal krankgemeldet und kurz darauf hab ich dann die Schule gewechselt.«

Auszug aus dem Vernehmungsprotokoll, 15. Juli 2011, 11:20 Uhr

Martin Krause zieht die Augenbrauen hoch und guckt mich an. Ich weiß, dass es unglaublich klingt, aber es war so. Unmittelbar nach diesem Vorfall kam meine Mutter in mein Zimmer und erklärte mir, dass ich die Schule wechseln würde. Basta. Ende der Diskussion.

Mir war alles gleichgültig. Dann würde ich die siebte Klasse eben an einer anderen Schule wiederholen. Was soll's? Fest stand nur, dass ich nie wieder jemandem vom Missbrauch erzählen würde. Wozu auch? Um mich wieder halb totschlagen zu lassen? Nein. Aus diesem Fehler hatte ich gelernt.

Krause: »Das heißt, du hast auch die Lehrerin, der du dich anvertraut hast, nie mehr gesehen?«

Ich: »Nein. Aber ich glaube, sie hat zusätzlich noch das Jugendamt eingeschaltet.«

Krause: »Wie kommst du darauf, dass sie das gemacht haben könnte?«

Ich: »Kurz nachdem ich die Schule gewechselt habe, kam eine vom Jugendamt zu uns nach Hause und wollte mit mir sprechen.«

Krause: »Hat sie nicht gesagt, warum sie zu euch nach Hause gekommen ist?«

Ich: »Nein. Sie hat nur gesagt, dass sie sich gerne einmal ein Bild von unserer Familie machen würde.«

Krause: »Konntest du dich ihr gegenüber denn nicht öffnen?«

Ich: »Wie denn? Es gab überhaupt kein Gespräch alleine. Sie hat zwar gefragt, ob ich mit ihr unter vier Augen sprechen möchte. Aber sehr witzig, wenn man bei der Frage schon so angeguckt wird, dass man sich natürlich nicht traut. Außerdem hatte ich gerade erst erfahren, was passieren kann, wenn ich was sage. Ich hätte es mich im Leben kein zweites Mal mehr getraut.«

Krause: »Meinst du aber nicht, dass sie dir hätte helfen können?«

Ich: Kopfschütteln.

Krause: »War das ein einmaliger Besuch oder gab es daraufhin öfter Besuche vom Jugendamt?«

Ich: »Ein oder zwei Mal kam sie schon noch vorbei. Aber ich habe später auch erfahren, dass sie nur ein paar Dörfer weiter gewohnt hat und mein Stiefvater sie privat kannte. Und so waren auch die nächsten Besuche. Bei Kaffee und Kuchen haben die sich nett unterhalten.«

Krause: »Und verstehe ich es richtig, dass kein Gespräch unter vier Augen stattgefunden hat?«

Ich: »Ja.«

Krause: »Hat sich nach dem Anruf deiner Lehrerin zu Hause irgendwas geändert? Sind die Übergriffe weniger geworden?«

Ich: »Weniger?«

Krause: »Ja, oder hat sich sein Verhalten geändert?«

Ich: »Es ist alles, nur nicht weniger geworden. Er hat mir jeden Tag aufs Neue gezeigt, was er davon gehalten hat.«

Auszug aus dem Vernehmungsprotokoll, 15. Juli 2011, 11:46 Uhr

Ich fühlte mich ihm ausgeliefert. Wehrlos. Hilflos. Und vielleicht war ich das auch. Zumindest gelingt es mir heute in guten Momenten, so zu denken. Wenn ich mir nicht gerade Vorwürfe mache, dass ich mich nicht intensiver gewehrt habe. Oder es doch mal mit dem Messer hätte versuchen sollen ... Oder vielleicht einfach hätte weglaufen müssen ... Heute sehe ich so viele Auswege. Damals sah ich keine. Ein Mal hatte ich mich getraut, mich jemandem anzuvertrauen, und war damit gründlich gescheitert. Danach fühlte ich mich wie begraben. Mein Leben war eben so. Alle paar Tage durfte mein Stiefvater mich benutzen, wie es ihm gefiel. Und keiner tat etwas dagegen. Nur dieses eine Mal hat die Tante vom Jugendamt beim gemeinsamen Kaffeetrinken gefragt, ob ich mit ihr »unter vier Augen« sprechen wolle. Mein Stiefvater hatte mich nur scharf angesehen – und sofort hatte ich den Kopf geschüttelt. Und dann hatten sie fröhlich weiter geplauscht …

Trotzdem sollte ich kurz darauf zu einer Psychotherapeutin gehen. Ich glaube, das hatte die Kaffeetante vom Jugendamt angeordnet. Das war ja soo nett! Mein Stiefvater hat mich jedes Mal dorthin gefahren, mich bis zum Behandlungszimmer begleitet und anschließend noch freundlich mit der Therapeutin gequatscht. Ich habe währenddessen nur dagesessen und kein Wort gesagt. Gar nichts. Außer »Guten Tag« und »Tschüss« vielleicht. Habe ich damit eine weitere Chance auf Hilfe verpasst? Möglicherweise. Aber ich hatte viel zu viel Angst vor meinem Stiefvater und davor, was er mir antun würde, wenn ich es noch einmal versucht hätte, ihm Schwierigkeiten zu bereiten. Ich war doch nicht wahnsinnig! Aus demselben Grund habe ich auch geschwiegen, wenn sich andere erkundigt haben, ob irgendetwas nicht in Ordnung war. »Alles bestens!« war meine Standard-Antwort. »Alles super!« Und ich möchte wirklich niemandem einen Vorwurf machen, aber ich glaube, es wollte auch keiner so genau hinsehen. Wahrscheinlich hat einfach jeder genug mit seinem eigenen Leben zu tun. Bin ich ungerecht, wenn ich so denke?

*

Die Vernehmung gerät ins Stocken. Auch Herr Krause wirkt etwas betreten. Ich frage mich plötzlich, ob er selbst Kinder hat. Ob er vielleicht manchmal an sie denkt, während ich erzähle. Es ist merkwürdig, dass er nun bald alles über mich weiß und ich gar nichts über ihn. Er sieht mich lange an, ehe er mit einem neuen Themenblock beginnt, den er sich für heute vorgenommen zu haben scheint.

Krause: »Eine einzige Frage hätte ich noch.«
Rechtsanwalt Rabe: »Ja, für mich ist das in Ordnung. Können Sie denn noch, Frau B.?«
Ich: Kopfnicken.
Krause: »Prima. Hast du das Gefühl, dass du noch heute unter den damaligen Übergriffen leidest?«
Ich: »Meinen Sie das ernst?«
Krause: »Ja, ich muss das fragen. Versteh mich bitte nicht falsch, mir ist natürlich vollkommen klar, dass so was immense Auswirkungen haben wird. Keine Frage. Aber ich muss diese einmal aus deinem Mund hören. Auch das ist wichtig und entscheidend für das weitere Verfahren.«
Ich: »Aha. Was wollen Sie denn hören?«
Krause: »Zum Beispiel, wie es dir jetzt geht. Wie du damit umgehen kannst, ob es dich beeinträchtigt.«
Ich: »Was meinen Sie denn? Super geht es mir nicht. Obwohl es ja wahrscheinlich so sein müsste. Schließlich ist es vorbei. Aber ist eben nicht so. Ich hab dauernd Flashbacks, sehe einzelne Szenen immer und wieder vor meinem Auge ablaufen. Einfach so. Hab in den Momenten das Gefühl, dass es mir den Boden unter den Füßen wegreißt. Angstzustände, körperliche Nähe kann ich nicht ertragen. Albträume, Essen ist nicht meine Lieblingsbeschäftigung. Manchmal verletze ich mich selber. Das ist

echt beschissen für meine Arbeit und gefährdet auch wirklich die Ausbildung, logischerweise. Ach, keine Ahnung. Ich hasse mich, meinen Körper, mein Leben. Denke dauernd, dass ich es doch einfach nicht anders verdient habe und es mir ja doch gefallen haben muss, wenn man sich nicht wehrt.«

Krause: »Denkst du auch manchmal daran, nicht mehr leben zu wollen?«

Ich: Kopfnicken. »Ja. Manchmal schon.«

Krause: »Hast du denn momentan das Gefühl, dass du irgendwann ein Leben haben kannst, das für dich lebenswert ist?«

Ich: »Keine Ahnung. Ich, ich würde es gerne. Aber ... aber irgendwie ist es einfach so unvorstellbar.«

Krause: »Wenn ich mal meine Meinung dazu sagen darf, ich fand dich bisher mehr als tapfer und die Stärke, die du bisher bewiesen hast, beeindruckt mich. Auch wenn es sich für dich vielleicht noch nicht so anfühlt, ich bin der festen Überzeugung, dass du den Weg schaffen kannst zu einem normalen Leben. Gewiss wird es nicht einfach, aber erreichen kannst du das. In diesem Sinne würde ich gerne erst mal aufhören für heute. Versuch, ein bisschen durchzuatmen und zu entspannen, so weit das möglich ist.«

Auszug aus dem Vernehmungsprotokoll, 15. Juli 2011, 12:10 Uhr

6. Prozessvorbereitung

»*Ich will weg.*
Fühle mich so fett.
Überall auf mir
Lauter Hände – voll Gier.
Der Geruch so widerwärtig.
Ich werd damit nie mehr fertig.
Will einfach nichts mehr spüren.
Warum kann man mich nicht einfach entführen?
Will nicht mehr sein,
Fühle mich einfach nur klein!
Diese ganzen fremden Blicke,
Die wissen doch gar nicht, wie ich ticke.
Habe das Gefühl zu zerreißen.
Aber kann ich mir das leisten?
Funktionieren muss man immer,
Sonst wird nur alles noch viel schlimmer.
Blöde Fragen, kein Verständnis.
Es wird immer bleiben eine Finsternis.«
Gedicht vom 5. Oktober 2011

Ich habe angefangen, Gedichte zu schreiben. Irgendwie müssen meine Gedanken raus und ich glaube, das ist eine ganz gute Möglichkeit. Zumindest fällt mir das Gedichteschreiben leichter, als wenn ich mit anderen über meine Gefühle sprechen soll. Als ich Frau Schmitz vom Weißen Ring während eines Telefonats davon erzähle, ist sie ganz begeistert: »Ja, das ist prima! Das hilft Ihnen zu verarbeiten.« Das allerdings erscheint mir ein wenig zu optimistisch. Ich habe eher das Gefühl, dass nichts hilft, um das Geschehene zu verarbeiten. Es fühlt sich seit Jahren gleich schlimm an. Das sage ich auch der Dame vom Weißen Ring: »Meine einzigen Verschnaufpausen habe ich beim Reiten. Dann kann ich es kurz vergessen, denke an nichts anderes als ans Reiten – das ist für mich die beste Therapie.« Schon wenn ich nur ans Reiten denke, fühle ich mich besser. Wenn ich auf dem Pferd sitze, über Hindernisse springe, mich voll konzentrieren muss, fühle ich mich für kurze Momente sogar richtig frei und leicht und glücklich und vergesse diesen ganzen Scheiß. Auch anschließend bei der Stallarbeit genieße ich die Nähe zu den Tieren. Sie sind so gut und ehrlich und treu. Eindeutig die besseren Menschen! Ich fühle mich bei ihnen geborgen, warm und wohl.

Aber spätestens auf dem Weg nach Hause überkommen mich dann wieder die schlimmen Gedanken, die Erinnerungen, die Lebensmüdigkeit. Dann habe ich das Gefühl, das alles nicht mehr alleine tragen zu können. Und seit ich das mit der Anzeige begonnen habe, ist es noch schlimmer geworden. Es ist alles wieder aufgewühlt und fühlt sich frisch und wild und schmerzhaft an. »Manchmal stelle ich mir vor, einfach gegen einen Brückenpfeiler zu fahren«, schluchze ich schließlich in den Hörer, woraufhin Frau Schmitz einfach nur seufzt. Ich spüre ihr Mitgefühl, aber sie weiß wohl nicht, was sie sagen soll. Vielleicht schockiert sie die Heftigkeit meiner Gefühle. Ich überfordere sie.

Und das wiederum verunsichert mich. Schließlich sollten mein Anwalt und diese Opferbetreuerin doch mit Geschichten wie meiner umgehen können. Wie sehr würde ich erst jemanden überfordern, der nicht »vom Fach« ist? Meine Freundinnen Kerry und Sophia zum Beispiel. Seit Sophia nach Süddeutschland gezogen ist, ist Kerry häufiger im Stall. Sie scheint zu spüren, dass es mir in letzter Zeit schlechter geht. »Ist wirklich nichts?«, fragt sie immer wieder. Aber ich traue mich nicht, ehrlich zu sein. Und das fühlt sich schrecklich an. Sie ist doch meine liebste Freundin. Aber würde ich es ihr erzählen, wäre es ihr wahrscheinlich zu viel. Womöglich wäre *ich* ihr zu viel und nur schwer zu ertragen. Und das macht mich traurig.

Während ich über all das nachdenke, vergesse ich beinahe, dass Frau Schmitz noch am Telefon ist. Sie schweigt ebenfalls, dann schlägt sie vor: »Warum gehen Sie nicht einmal zu einer Psychologin? Ich könnte Ihnen eine Adresse geben.« Und obwohl ich mich seit Jahren gegen die Idee wehre, mich bei so einem Seelenklempner auszuweinen, schreibe ich artig die Adresse auf, die mir Frau Schmitz diktiert.

Ich weiß, dass ich alleine nicht weiterkomme, und melde mich tatsächlich sofort bei der Therapeutin. Frau Mitwitz gibt mir relativ kurzfristig einen Termin, obwohl man bei ihr sonst sehr lange Wartezeiten hat, wie sie mir am Telefon erklärt. Als müsste ich dankbar sein für ihr Entgegenkommen. So fühle ich mich aber nicht. Eher mickrig und eingeschüchtert, als ich wenige Tage später in einem feudalen Altbau-Treppenhaus vor ihrer Tür stehe. Wie eine kleine Fliege im Netz der dicken Spinne. Schon wieder mache ich kleine Fliege etwas, was ich gar nicht will. Und die dicke Spinne hinter der schweren Holztür bestimmt, was gemacht wird. Ich hasse dieses Gefühl!

Aber da muss ich nun wohl durch. Wie sollte ich das sonst Frau Schmitz vom Weißen Ring erklären, wenn ich ihren Rat nicht annehme? Dann denkt sie womöglich, ich sei undankbar und hätte es gar nicht verdient, dass man sich um mich sorgt. Und wenn ich noch mal Hilfe brauche, kümmert sie sich nicht mehr darum. Und immerhin versucht sie ja, mir zu helfen ... Tief durchatmen!

Ich drücke die Klingel und höre unmittelbar schwere Schritte auf der anderen Seite der Tür. Mir öffnet eine Frau, die original so aussieht, wie ich mir eine Psychologin vorstelle. Ein wenig alternativ, oberlehrerinnenhaft, nicht gerade sympathisch. Sie führt mich in ein Zimmer, in dem eine kleine Topfpflanze um ihr Überleben kämpft. So eine arme Alibi-Pflanze, die den kargen Raum gemütlicher machen soll. Ansonsten sehe ich einen modernen Büro-Schreibtisch und zwei billige Pressholz-Regale, vor denen zwei Sessel stehen. Sehr zweckmäßig. Mit einer Handbewegung zeigt meine Psychologin, auf welchen Sessel ich mich setzen soll, und nimmt selbst gegenüber Platz.

»Na, was hat Sie zu mir geführt? Wenn ich mich richtig erinnere, kommen Sie über den Weißen Ring«, beginnt sie unser Gespräch. Ich nicke. Meine Kehle schnürt sich zu. Es fällt mir ja eh schon schwer, über mich zu reden; aber mit einer Frau, die mir dermaßen unsympathisch ist, geht es gar nicht. Ich versuche, dieses Gefühl hinunterzuschlucken, und erzähle. Von meiner Kindheit, meinem Stiefvater, dem Missbrauch, der Anzeige. Möglichst in chronologischer Reihenfolge. Zwischendurch stellt Frau Mitwitz mir Fragen: »Und wie alt waren Sie da?« Und dann kritzelt sie ihre

Notizen in eine A4-Kladde, die sie auf dem Schoß hält. Als ich zwischendurch einmal weinen muss, greift sie routinemäßig nach einer Kleenex-Packung, die im Regal hinter ihr steht. »Und haben Sie sich körperlich gewehrt?«, will sie nun wissen. Wie ich diese Frage hasse! Aber ich lasse es mir nicht anmerken und antworte brav, dass ich mich nicht getraut habe. Meine zweitverhassteste Frage folgt kurz darauf: »Haben Sie nie jemandem davon erzählt?« Ich fühle mich schrecklich. Frau Mitwitz schaut kurz auf. »Verstehen Sie das nicht falsch, das ist nur für mein Verständnis der Situation.« Schon klar. Nachdem ich ihr 45 Minuten lang aus meinem Leben erzählt habe, geht es mir richtig dreckig. Frau Mitwitz schaut beiläufig auf eine kleine Uhr, die hinter mir hängt, und stellt fest: »Es tut mir sehr leid, aber unsere Zeit ist um.« Dann steht sie auf und bringt mich zur Tür. Mir ist hundeelend zumute. Und das soll helfen? Das wühlt mich doch nur noch mehr auf!

Gut, heute war unsere erste Stunde. Und natürlich muss sie erst mal die Situation erfassen. Aber ganz ehrlich: Ich glaube nicht, dass ich wiederkommen werde. Ich mag Frau Mitwitz nicht, mir geht es nach unserem Termin noch schrecklicher als zuvor und ich glaube nicht, dass mir Reden überhaupt helfen kann. Noch ehe ich die oberste Treppenstufe erreicht habe, festigt sich mein Entschluss: Das mache ich nicht noch einmal! Ganz egal, was Frau Schmitz vom Weißen Ring dazu sagt.

Und plötzlich – mit jedem Schritt in Richtung Ausgang – steigt in mir die Wut über diese lästige Anzeige hoch: Ständig werde ich mit Fragen bombardiert – wie im Kreuzverhör. Ich fühle mich nur noch schuldig und unfähig. »Warum haben Sie dieses oder jenes gemacht?«, »Wieso haben Sie sich nicht gewehrt?«, »Wie lange hat das gedauert?«, »Hätten Sie nicht irgendwas tun können?«, »Haben Sie Gefallen daran gehabt?«, »Wieso hatten Sie denn Angst?« ... Klar verstehe ich, dass die Leute begreifen wollen, was passiert ist. Und die Kripo muss natürlich neutral ermitteln. Schließlich könnte es sein, dass ich meinem Stiefvater nur eins auswischen will – solche Fälle gibt es wohl tatsächlich.

Aber es ist nicht unbedingt vertrauensfördernd, wenn man ständig diese Fragen beantworten muss. Und was ich zusätzlich noch beängstigend finde, ist, dass ich nichts darüber erfahre, wie die Polizisten ermitteln, auf welchem Stand sie sind oder was sie planen. Dadurch lebe ich in dauernder Angst, weil ich einfach nicht weiß, inwiefern Kontakt zu meinem Stiefvater hergestellt wurde oder wird. Denn: Mein Stiefvater weiß ja, wo ich wohne! Und der findet es sicher nicht lustig, wenn er hört, was ich so über ihn erzähle. Offenbare ich meinem Anwalt oder der Polizei oder dieser Psychologen-Tante meine Ängste, bekomme ich zu hören: »Wenn was ist, müssen Sie die 110 wählen.« Toller Vorschlag. Aber ob es mir noch helfen würde, wenn wirklich etwas ist? Schließlich warten die Polizisten ja nicht im Nachbarhaus auf meinen Anruf. Mal ganz abgesehen davon, dass ich im Notfall wahrscheinlich gar nicht in der Lage wäre, nach dem Telefon zu greifen ...

Eine weitere Sorge ist, dass mir inzwischen auch die Frau vom Weißen Ring und mein Anwalt bestätigt haben, was ich im Forum gelesen habe: Häufig werden die Verfahren eingestellt, weil es entweder nicht genügend Beweise gibt, die Aussagen als zu labil eingestuft wurden oder weil die Betroffenen irgendwann keine Kraft mehr haben. Das macht mir nicht gerade Mut. Und falls ich bislang noch Hoffnungen auf das Wunder »Psychotherapie« gesetzt hatte – also solange man es nicht ausprobiert, besteht ja zumindest eine vage Hoffnung –, dann ist die nun auch gestorben. Diese Frau kann mir bestimmt nicht helfen. Tolle Sache, zu der ich mich da habe drängen lassen!

Eigentlich habe ich schon genug von diesem blöden Tag! Aber als ich wenig später frustriert zu Hause ankomme, finde ich obendrein auch noch einen Brief von der Staatsanwaltschaft im Briefkasten. Was wollen die denn? Hektisch reiße ich das Kuvert auf. Da steht ein Termin – Datum und Uhrzeit: 21. November 2011, 10 Uhr. Die wollen mit mir sprechen. Wieso denn das? Sofort krame ich mein Handy aus der Jackentasche und rufe hektisch meinen Anwalt an. Glücklicherweise ist er gerade nicht in einer Besprechung oder bei Gericht. »Ich soll zur Staatsanwaltschaft zur Befragung«, jammere ich in den Hörer.

Herr Rabe versucht, mich zu beruhigen: »Das ist ganz normal!«

Aber ich verstehe das nicht. »Die können sich doch die Vernehmungen von der Polizei besorgen!«

»Die Polizei-Vernehmungen haben die sich bestimmt auch schon angeschaut. Aber manchmal möchten sie sich gerne selbst ein Bild machen.«

Ich bin verzweifelt, denn das bedeutet, ich soll schon wieder von vorne beginnen! Alles noch einmal erzählen! Bitte nicht! »Aber ich kann nicht!«, stammele ich es nun noch leiser.

»Das kann ich Ihnen leider nicht ersparen, aber ich glaube, das ist für die Verhandlung sehr gut«, redet er mir Mut zu und ich höre in seiner Stimme ehrliches Mitgefühl. Und dann sein tiefes Schnaufen und ich ahne schon, dass er sich gerade strafft, um mir eine weitere Horrornachricht mitzuteilen: »Noch etwas, Frau B. Wir sollten ein Glaubwürdigkeitsgutachten erstellen lassen. Wenn das positiv ausfällt, also wenn man Ihnen glaubt – und davon gehe ich aus –, dann ist der Täter schon so gut wie verurteilt. Diesen psychologischen Gutachten folgt das Gericht fast immer.« Ich bin wie erschlagen. Denn das bedeutet: schon wieder reden!

Noch lange nachdem wir aufgelegt haben, sitze ich in meiner Küche und starre vor mich hin. Ich hätte nie zur Polizei gehen sollen! Selbst schuld! Ich habe es mal wieder versaut und mich selbst in diese ätzende Lage gebracht. Ich bin einfach zu dumm!

Vor Kurzem habe ich irgendwo gelesen, dass nur etwa jedes zehnte Opfer seinen Missbrauch anzeigt. Jetzt weiß ich auch genau, warum. Die sind einfach schlauer als ich und halten die Klappe. Und offenbar sind sie auch nicht so dämlich jämmerlich, dass ihnen jeder sofort anmerkt, dass irgendetwas nicht in Ordnung ist. Ich hätte mich eben besser zusammenreißen müssen! Und wieder bin ich auf mich wütend. Dabei fällt mir auf, dass ich auch auf meinen Stiefvater sauer sein sollte, weil er mir das angetan hat. Oder auf meine Mutter, weil sie mir nicht geholfen hat. Aber diese Wut fühle ich nicht, stattdessen fühle ich nur die Wut gegen mich selbst. Wut, die mich beinahe platzen lässt, die mir den Atem raubt. Wut, die ich unbedingt ablassen muss. Wut, die mich schließlich wieder zum Küchenmesser greifen lässt … Ich habe es so satt!

Ein paar Wochen später erzählt mir mein Anwalt bei einem Treffen, dass mein Stiefvater festgenommen wurde. »Er sitzt nun in Untersuchungshaft. Die Polizei scheint mit seiner Verurteilung zu rechnen.« Seine Stimme klingt erfreut. Erwartungsvoll schaut er mich an. Glaubt er, dass ich mich nun auch freue? »Das ist gut«, sage ich vage. Mein Herz rast. Und das Einzige, woran ich denken kann, ist meine Mutter. Das wird sie mir nie verzeihen! Das wird sie mir nie verzeihen!, schießt es mir pausenlos in den Kopf. Ich kann kaum atmen. Und ich kenne das Gefühl, das da gerade Besitz von mir ergreift, nur zu gut: Es ist Panik. Panik vor dem, was nun kommt. Wie wird meine Mutter reagieren, wenn sie mich das nächste Mal sieht? Wird sie überhaupt noch mit mir sprechen wollen? Und dann meldet sich ganz leise eine kleine Hoffnung: Ist sie vielleicht auch ein bisschen froh, dass er weg ist? Aber dieses winzig kleine positive Gefühl wird sofort wieder von der Panik plattgemacht: Meine Mutter wird mich hassen!

Herr Rabe sitzt währenddessen ganz ruhig vor mir und sieht mich an. Dann fragt er, wie mein Termin bei der Psychologin für das Gutachten gelaufen ist, den ich mittlerweile hinter mich gebracht habe.

»Gut«, sage ich und denke gleichzeitig: Schrecklich! Es war genau wie bei der anderen Psychologin, nur dass die Gutachten-Frau sich ein wenig mehr Zeit genommen hat. Herr Rabe nickt zufrieden. Aus seiner Sicht scheinen die Dinge gut zu laufen. Und was ist mit mir? Denkt irgendjemand mal an mich? Ich fühle mich wie ein Gegenstand, der durch die Gegend geschleudert wird, um zu demonstrieren, was rechtens ist. In Deutschland darf man eben keine Kinder missbrauchen, also muss man genau diesen Weg gehen. Und zwar schnell! Was das mit den Betroffenen macht, daran scheint keiner einen Gedanken zu verschwenden. Das scheint niemanden zu interessieren. Worum geht es also? Um mich und meine Gefühle? Oder nur um die Einhaltung von Gesetzen? Ich glaube, es geht hier nur um Paragrafen. Das Opfer wird noch einmal geopfert. Für den Prozess.

»Die Psychologin hält Ihre Aussagen für glaubwürdig. Das ist großartig«, fährt Herr Rabe fort und schiebt ein paar Blätter Papier in meine Richtung. Das Gutachten. Das ist also auch schon da. Ich lese und kann nur Bruchstücke erfassen.

»Frau B. kann sich kaum äußern, blickt beschämt zur Seite, wirkt ängstlich, nahezu mutistisch ... Sie fühlt sich einsam und verlassen ... Klaffende Wunden an den Unterarmen ... Klinikaufenthalt sinnvoll, aber eine Aufnahme unter Druck käme einer Wiederholung der psychischen Gewalt, der Frau B. jahrelang ausgesetzt war, gleich ... Wach, selbstunsicher, fahrig, innerlich erhebliche Unruhe, zitternd ... Frau B. traut sich nicht, sich zu öffnen ... Zu Suizidalität aktuell glaubhaft distanziert (aber latent aufgrund der Situation gefährdet) ... Äußerlich erkennbar sind suborbitale Hämatome beiderseits ... Frau B. zeigt eine geringe Reflexionsfähigkeit bezüglich ihres Störungsbildes ... Akute Belastungsreaktion, beginnende Persönlichkeitsstörung mit Neigung zu Selbstverletzungen infolge massiver Traumatisierungen auf Borderline-Niveau, Essstörung ...«
Auszug aus dem psychologischem Gutachten

Das bin also ich. So werde ich wahrgenommen. Das klingt ziemlich kaputt, finde ich.

Ich senke meinen Kopf und blicke auf meine Hände. Ich mag Herrn Rabe jetzt nicht ansehen. Jedes Wort, das ich gelesen habe, war wie ein Stich ins Herz. Es tut wahnsinnig weh, das zu lesen. Es soll bitte so nicht sein! Mein Stiefvater soll mich nicht kaputt oder krank gemacht haben! So viel Macht darf er nicht haben!

»Geht's?«, fragt plötzlich Herr Rabe. Ich nicke, den Blick weiterhin nach unten gerichtet.

So steif er ist, so unbeholfen, so wenig kämpferisch – juristisch scheint er den richtigen Weg einzuschlagen. In diesem Bereich wirkt er sehr klar und unbeugsam. Dank seiner Professionalität kann ich mich wieder ein wenig sammeln. Herr Rabe ist wie ein Geschäftspartner – so sollte ich ihn sehen. Wir machen hier Geschäfte und meine Seele, meine Gefühle, meinen Kummer sollte ich für mich behalten. Hier geht's um Fakten und Zahlen, die Paragrafen. So schnell ich kann, verabschiede ich mich. Ich will nur raus zu meinen Pferden, endlich wieder Mensch sein. Ich habe genug von diesem ganzen Scheißprozess!

Aber wenn die Lawine erst mal ins Rollen gebracht ist, gibt es kaum mehr eine Verschnaufpause. Ständig gibt es neue Vernehmungen, Briefe, Termine beim Anwalt. Ins Forum schreibe ich:

»Sorry, dass ich mich länger nicht gemeldet habe. Hatte diese Woche noch eine weitere Vernehmung und es war für mich nicht so angenehm. Musste auch abgebrochen werden. :(Und danach folgte irgendwie ein kleiner Zusammenbruch. Entschuldigt!

Jetzt geht es aber wieder.

Wurde nach diesem Scheißtermin zum Hausarzt geschickt. Die wollten mich am liebsten in eine psychiatrische Notfallambulanz stecken. Nett, dass sie ständig über mich entscheiden wollen ... Na ja, auf jeden Fall war ich dann bei meinem Haus-

arzt, was ja auch schon peinlich genug ist. Der hat mir erst mal Tabletten verschrieben, davon bin ich gar nicht so begeistert.

Er will helfen, ist aber, glaub ich, auch etwas überfordert. Und im Prinzip ist ja auch alles wieder in Ordnung. Muss damit irgendwie klarkommen und es muss ja gehen.

Oh Gott – sorry für dieses Rumgejammere hier. Das ist ja schlimm ...«

Eintrag in ein Missbrauchs-Forum, 4. November 2011, 22:25 Uhr

Es tut gut, Menschen zu schreiben, die diese Gefühle kennen. Ich brauche gar keine Antworten. Mir reicht es, dass ich weiß, dass ich verstanden werde. Das ist natürlich ziemlich verrückt, wenn man sich das überlegt. Ich lasse wildfremde Menschen an meinem Leben teilhaben und es fühlt sich viel besser an, als es mit Freunden zu bereden. Aber wahrscheinlich ist meine Geschichte zu extrem, um von »normalen« Menschen verstanden zu werden. Ich bin sehr dankbar für meine virtuelle Foren-Welt. Schon am nächsten Tag schreibe ich weiter.

»Die Vernehmung bei der Staatsanwaltschaft rückt näher. Ich weiß nicht, ob ich dahin kann oder will. Mir ist so verdammt schlecht, wenn ich nur daran denke. Mein Anwalt (den ich noch immer für überfordert halte) meint, es gebe die Möglichkeit, sich vom Arzt ein Attest ausstellen zu lassen, dass man vernehmungsunfähig ist. Aber im Grunde ändert das ja überhaupt nichts dann an der Situation und von alleine wird sich ja kaum was tun.

Wahrscheinlich hilft es nichts – Augen zu und durch ... Diese Scheißfragen, bei denen man sich selber am schuldigsten vorkommt ...«

Eintrag in ein Missbrauchs-Forum, 5. November 2011, 13:11 Uhr

Als es an der Tür klingelt, zucke ich zusammen. Da fällt mir ein, dass Kerry mich abholen wollte, weil wir zu einem Fußballspiel vom FC Köln gehen wollen. Sie hat von irgendwem zwei Karten bekommen und meinte, das würde sicher lustig werden. Schaun wir mal. Schnell klappe ich den Laptop zu und beeile mich, in Jacke und Schuhe zu schlüpfen. Sportlich, so kleide ich mich am liebsten.

Kerry wartet im Auto auf mich. Schon beim Einsteigen fällt mir ihr musternder Blick auf. Und wir sind kaum auf der Autobahn in Richtung Köln, da fängt sie auch schon wieder an: »Anna, ich merke doch, dass es dir nicht gut geht. Ich mache mir Sorgen.« Ich blicke aus dem Fenster auf die vorbeiziehenden Bäume. Kerry drängelt weiter: »Du weißt doch, dass du über alles mit mir reden kannst und dass ich immer für dich da bin. Ich möchte dir doch nur helfen. Ich fühle mich so abgelehnt und ausgeschlossen.« Ich schaue sie an. Kerry hat ihre Stirn in Falten gelegt und presst ihre Lippen zusammen. Das ist das Kerry-in-Sorge-Gesicht, das kenne ich. Ich kenne sie so gut, meine Freundin. Und schließlich sage ich: »Mein Stiefvater hat früher schlimme Sachen mit mir gemacht. Jetzt musste ich das anzeigen. Und diese ganzen Vernehmungen und das alles machen mich total fertig.« Mehr nicht. Mehr kann ich ihr nicht sagen. Kerry sieht mich entsetzt an. Ich erkenne den Schmerz in ihren Augen und bereue sofort, etwas gesagt zu haben. Sie legt mir ihre Hand auf mein Bein und es fühlt sich gut an. Kerry darf mich anfassen.

»Das ist schrecklich!«, sagt sie leise. Und ich bin dankbar, dass sie nicht weiterfragt. Allerdings behandelt sie mich den ganzen Nachmittag wie ein rohes Ei: »Ist dir das recht?«, »Hast du da auch Lust drauf?«, »Nur, wenn du willst ...«

»Mann, Kerry, es ist alles in Ordnung!«, sage ich lachend. Und den restlichen Nachmittag haben wir einfach Spaß. Jubeln mit den Fans, feiern und sind ausgelassen. Erst bei der Verabschiedung fängt Kerry wieder damit an. »Ruf mich an, wenn es dir nicht gut geht«, bittet sie. Und ich bereue wirklich, dass ich es ihr gesagt habe. Sie soll sich doch nicht ständig Sorgen machen!

Macht sie aber. Mehrmals am Tag ruft sie an, schickt SMS, die von Nachricht zu Nachricht panischer klingen, wenn ich sie nicht umgehend beantworte. Sobald ich mal nicht gut drauf bin, schiebt sie es sofort auf den Prozess: »Hattest du einen schlechten Termin?«, will sie dann wissen.

»Kerry, ich habe auch einfach mal so schlechte Laune«, antworte ich einmal schon etwas genervt, worauf meine Freundin leicht gekränkt reagiert und es mir sofort leidtut. Das ist aber auch schwierig. Ich will sie eigentlich nicht so teilhaben lassen. Das erzähle ich auch meinen virtuellen Forums-Freundinnen.

»Mit meiner Freundin. Ich finde es so schwierig. Sie weiß ja schon so ein bisschen was. Aber ich möchte sie damit auch wirklich nicht belasten. Finde eigentlich eher, dass sie schon zu viel weiß und sich oft zu viele Gedanken macht. Das ist mir echt unangenehm. Und mitunter wäre es mir einfach lieber, wenn sie nichts wüsste – das würde es manchmal unbeschwerter machen. So ist sie immer gleich in Sorge oder alarmiert, wenn ich mal nicht so gut drauf bin. Und jeder hat ja mal einen schlechten Tag ... Aber ich weiß, dass ich jederzeit zu ihr kommen könnte und sie alles Mögliche tun würde. Das ist auch ein gutes Gefühl und bin ihr dafür sehr dankbar!«
Eintrag in ein Missbrauchs-Forum, 15. November 2011, 10:10 Uhr

Und dann steht der Termin bei der Staatsanwaltschaft an. Diesmal erzähle ich Kerry davon und verspreche, mich sofort danach bei ihr zu melden. Komischerweise fühle ich mich deshalb ein kleines bisschen weniger allein, als ich das angegebene Büro suche. Schüchtern klopfe ich an und fühle mich schlagartig unendlich klein, als ich auf dem Ledersessel – umgeben von prall gefüllten Bücherregalen – Platz nehme. Neben mir stehen zwei Umzugskartons. Der ordentliche ältere Herr im Anzug folgt meinem Blick und erklärt: »Die Umzugskartons sind prall gefüllt mit Briefen, die irgendwelche Frauen einem verurteilten Mörder und Frauenschänder in die JVA geschickt haben. Das ist ein verrücktes Phänomen!« Dabei schüttelt er den Kopf. Ich schaue mir noch einmal die Kartons an – das ist wirklich verrückt. Menschen sind komisch.

Nach einem kurzen Vorgespräch kommt der Staatsanwalt dann aber schnell zur Sache. Viel detaillierter als bei der Polizei und mit einem sachlichen, unbeteiligten Ton erfragt er, was früher bei mir los war: »Können Sie sich erinnern, wie oft Übergriffe stattgefunden haben?«

Ich sehe ihn erstaunt an: »Meinen Sie, dass ich mitgezählt habe?« Auf diese Provokation reagiert er gar nicht und schaut mich nur abwartend an. Also antworte ich: »Anfangs nicht so oft. Später schon. Manchmal jeden Tag. Manchmal ein paar Tage nicht.«

»Hat er körperliche Gewalt angewendet?«

»Nicht immer. Aber er hat mich regelmäßig daran erinnert, was meiner Mutter passieren könne.«

»Hätten Sie ihm eine solche Tat zugetraut?«

Diese Frage macht mich schon wieder wütend. »Klar, er hat mir keinen Grund gegeben, das nicht zu glauben.«

»Hatten Sie jemals Angst, er würde Sie umbringen?«

Nun kann ich nur noch nicken, weil der Kampf gegen die aufsteigenden Tränen meine Stimme erstickt. Der Staatsanwalt wartet einfach ab, bis ich wieder reden kann: »Es ist halt, als wenn man gleich stirbt. Wobei ich mir oft gewünscht hab, dass es dann bitte auch schnell passieren soll und dieser Kampf aufhört. Irgendwann dachte ich mal, dass es nun endlich so weit ist und er es geschafft hat. Aber ich war nur kurz ohnmächtig.«

Der Staatsanwalt nickt. Keine Spur von Mitleid. Zack, die nächste Frage: »Wissen Sie, ob er noch andere Frauen oder Mädchen missbraucht hat?«

Auch diese Frage regt mich auf: »Ich kann es mir nicht vorstellen. Wozu auch? Er hat doch schon alles bekommen, was er wollte.«

Mein Gegenüber ignoriert meinen patzigen Ton. Er lässt sich überhaupt nicht aus der Ruhe bringen. »Haben manchmal Freundinnen bei Ihnen übernachtet?«

»Auf gar keinen Fall!« Was für eine Vorstellung! Ich hatte viel zu viel Angst, mein Stiefvater könnte auf böse Gedanken kommen. Und dann wird es richtig unangenehm. Der Staatsanwalt will wissen, wie der Missbrauch durchgeführt wurde. Ich presse die Lippen aufeinander.

»Ist es vor deinem 14. Geburtstag zur vaginalen Penetration gekommen?« Ich nicke. Obwohl ich mich scheußlich fühle, bohrt er weiter und weiter und weiter, bis aus mir herausplatzt: »Verdammt, ja. Ich hab ihn dauernd mit dem Mund befriedigt. Geht ja super zwischendurch und Spuren hinterlässt es auch nicht. Also einfach toll. Und nein, um gleich die nächste Frage vorwegzunehmen, auch dabei hat er kein Kondom benutzt und Spaß hat es mir auch nicht gemacht. Und jetzt lassen Sie mich bitte einfach nur noch in Ruhe. Das geht Sie alles doch überhaupt nichts an.« Ich ekele mich. Der ganze Termin ekelt mich. Was soll das? Warum werde ich immer und immer wieder gequält? Ich bin doch das Opfer, sagen alle. Warum benehmen sie sich nicht so?

Als der Staatsanwalt irgendwann endlich von mir ablässt, bin ich wie benommen. Auf wackeligen Beinen torkele ich zum Auto und schreibe Kerry die versprochene SMS:

»Im Moment geht es mir nicht unbedingt gut. War fünfeinhalb Stunden da und sitze gerade erst im Auto.«
SMS vom 21. November 2011, 16 Uhr

7. Mutter

»Viele Mütter decken den Täter, weil das für sie einfacher ist, als sich mit dem eigenen Schicksal auseinanderzusetzen. Sie verraten ihre Kinder, weil sie sich vom Täter oft so stark abhängig fühlen, dass sie Angst haben, aus dieser Abhängigkeit herauszufallen. Diese Frauen sind Mittäterinnen aus Angst, alleine nicht überleben zu können.«
Christian Luedke, Psychotherapeut

Die Prozess-Lawine reißt mich weiter und weiter mit, sie lässt mich nicht verschnaufen, geschweige denn auf die Füße kommen. Ständig habe ich neue Termine beim Staats- oder Rechtsanwalt. Kerry bemüht sich, mich aufzuheitern, wann immer es geht. An meinem Geburtstag am 12. Dezember steht sie sogar überraschend mit einer selbst gebackenen Torte im Stall. Sie strahlt. »Keine Backmischung!«

Weil ich genau weiß, wie ungern sie backt, freue ich mich umso mehr darüber. Trotzdem geht es mir an meinem Geburtstag besonders schlecht. Als ob Kerry meine Gedanken lesen könnte, fragt sie: »Sie hat sich nicht gemeldet, oder?« Ich schüttele den Kopf. Seit dem Morgen habe ich mein Handy nicht aus den Augen gelassen und bei jedem SMS-Piepen darauf gehofft, dass sie mir gratulieren würde.

Aber nichts! Meine Mutter meldet sich nicht. Und ich selbst traue mich nicht, sie anzurufen. Ich habe Angst vor der Reaktion auf die Festnahme ihres Scheißehemannes. Kerry streichelt mir hilflos über den Rücken. Und ich bin beinahe froh, als sie irgendwann geht. Für mich ist mein Geburtstag kein Tag zum Feiern mehr.

Am Abend bin ich dann richtig deprimiert. Weil ich Kerry gegenüber ein schlechtes Gewissen habe und weil ich ständig an meine Mutter denken muss. Ich verstehe das nicht: Mein Geburtstag sollte doch auch für sie ein besonderer Tag sein. Immerhin hat sie mich vor 22 Jahren zur Welt gebracht, mich im Arm gehalten, mich angestaunt ... Was für eine absurde Vorstellung ist das jetzt! Trotzdem glaube ich, dass dieser Tag doch auch eine Mutter nicht kaltlassen kann.

Schon im Bett liegend fasse ich den Entschluss, meine Mutter an Weihnachten zu besuchen. Allein bei der Vorstellung rast mein Herz. Am liebsten würde ich die Zeit vorspulen, weil ich es kaum abwarten kann. Denn ein kleiner Funken Hoffnung keimt in mir auf, dass sie ohne ihren Mann vielleicht doch entdeckt, was wir aneinander haben. Wir sind eine Familie! Eine kleine Familie. Zumindest ein Familien-Rest. Aber den sollte man doch erhalten!

Deshalb gebe ich mir wirklich Mühe bei der Planung unseres Festes. Das erste Wehnachtsfest ohne ihn! Wie befreiend!!! Ich plane, was ich Leckeres zu essen einkaufen will. Lachs, Kartoffeln und Gemüse, weil ich weiß, dass sie das gerne mag. Und ich besorge ihr ein paar Kleinigkeiten als Geschenke: Parfüm und eine passende Bodylotion – über solche Dinge hat sie sich früher am meisten gefreut, früher, als sie noch eine gepflegte, glückliche Frau war.

Zwei Tage vor Weihnachten rufe ich bei ihr an. Mein Herz rast und es fühlt sich an, als krabbelten Tausende Fliegen aus scharfkantigem Blech in meinem Magen – alles sticht und kribbelt in mir. »Ja«, meldet sie sich.

Und ich entnehme schon diesem einen Wort ihren beträchtlichen Alkoholpegel. »Mama, ich würde Weihnachten gerne vorbeikommen!«, sage ich mit bemüht fester Stimme.

»Ja, dann komm doch«, antwortet sie. Und ich kann dieser Aussage weder Freude, aber auch keine Ablehnung noch sonst etwas entnehmen. Im Zweifelsfall hat sie es wohl gar nicht mitbekommen. Trotzdem spreche ich weiter: »Dann bin ich um 15 Uhr bei dir.«

Die lasche Antwort ist ein karges »Okay«. Enttäuscht lege ich auf. Und dafür die ganze Aufregung!

Egal. Ich bin entschlossen, uns ein schönes Weihnachtsfest zu bereiten! Deshalb stehe ich zwei Tage später zur verabredeten Zeit vor ihrer Haustür, meinem alten Horror-Zuhause. Diesmal muss ich nicht nach seinem Lastwagen Ausschau halten. Ich kann sicher sein, dass er auf keinen Fall auftauchen wird. Das ist doch schon mal ein Anfang! Ich klingele. Nichts passiert. Ich klingele noch einmal. Noch immer nichts. Ich lausche an der Tür. Doch ich höre nur ihren kleinen Hund bellen – sonst nichts. Allmählich werde ich panisch. Das Klingeln könnte sie ja vielleicht überhören, aber doch nicht das Gebelle von ihrem Hund. Ich klingele wieder, diesmal beinahe Sturm ... Der Hund bellt und bellt. Ich befürchte schon fast, ich müsste die Feuerwehr rufen, da höre ich schwach: »Ja, doch!« Bin ich froh! Sie lebt!

Als sie endlich die Tür öffnet, trifft mich fast der Schlag. Sie ist noch dünner geworden, schaut noch apathischer, noch heruntergekommener aus. Offenbar habe ich sie gerade geweckt. Nachmittags um 15 Uhr! Frohe Weihnachten!, denke ich traurig und trete ein.

Das Haus ist in einem verwahrlosten Zustand. Viel schlimmer als zu den Zeiten, in denen mein Stiefvater noch hier lebte. Ich bin schockiert. Meine Mutter wankt ins Bad und schließt die Tür hinter sich. Ich füttere erst den ausgehungerten Hund, schnappe mir dann die Leine, um mit ihm eine kleine Runde durch den Ort zu drehen. Draußen überlege ich: Vielleicht sollte ich einfach abhauen? Es wäre sicher die unkompliziertere Variante.

Stattdessen kehre ich kurze Zeit später zurück. Meine Mutter hat sich inzwischen vor den Fernseher gesetzt. Ich räume erst ein wenig auf und bereite dann unser Weihnachtsessen vor. Dabei habe ich schon jetzt einen Kloß im Hals und gar keinen echten Appetit. Aber das will ich mir nicht anmerken lassen. Bemüht fröhlich rufe ich: »Mama, wollen wir jetzt essen?« Erst dreht sie ihren Fernseher in Richtung Esstisch, dann stellt sie ihn deutlich lauter und schließlich schlappt sie lustlos zu mir herüber und setzt sich vor ihren Teller, ohne ein Wort zu sagen. Ist echt schön, so schweigsam. Essen will sie auch nicht wirklich. Ich gehe kurz ins andere Zimmer, um etwas zu trinken zu holen. Als ich wiederkomme, liegt sie mit dem Kopf auf dem Tisch und schläft. Ein Traum von Weihnachten!

Ich räume unser Essen weg, versorge noch einmal den Hund und gehe dann. Meine Mutter tut mir leid. Aber ich bin auch verdammt wütend, enttäuscht und traurig zugleich.

Ich bin eigentlich fast froh, dass Weihnachten vorbei ist. Aber ich verstehe es nicht: Bis meine Mutter diesen schrecklichen Kerl kennengelernt hat, war sie völlig anders. Ich zweifele mittlerweile schon manchmal an meiner Wahrnehmung, weil ich nicht verstehe, wie man sich so verändern kann. Was könnte ich getan haben, dass sie sich so verändert hat? Und: Ist es überhaupt meine Schuld?

Aber es ist eine unsinnige Diskussion mit mir selber. Ich kann mir zwar hundertmal die Schuld an ihrem Zustand geben. Doch irgendwie ändert es ja nichts.

Am 1. Februar 2012 kracht der nächste Paukenschlag in mein Leben: Ein Polizist ruft mich an, um mir zu sagen, dass meine Mutter auf dem Weg ins Krankenhaus sei. Sie hat wohl versucht, sich das Leben zu nehmen. Ohne lange darüber nachzudenken, rase ich los in Richtung Krankenhaus. Ich kann nicht denken, ich kann nur aufs Gas drücken. Dabei versuche ich, die Tränen zu unterdrücken. Was ist, wenn sie stirbt? Meine Mutter! Während der Fahrt schreibe ich meiner Freundin Kerry:

»*Sie wurde von der Polizei gefunden, weil sie heute Morgen zum dritten Mal nicht zum Vernehmungstermin erschienen ist. Wusste das überhaupt nicht und fühle mich total scheiße und schuldig. Scheint ja meine Schuld zu sein. Sorry. Kann gerade nicht klar denken und schreiben. Muss da erst mal hin. Ich habe wirklich Angst, was mich erwartet.*«
SMS an Kerry vom 1. Februar 2012, 8:34 Uhr

Im Auto fühlt sich die Zeit, mein Leben und alles an wie eine zähe, klebrige Masse. Ich kann mich kaum bewegen, schon das Aussteigen – allein der Entschluss auszusteigen – kostet unglaublich viel Kraft. Aber sobald die kalte

Winterluft um meine Nase weht, ist diese Schwere wie weggeblasen. Den Weg zum Haupteingang renne ich beinahe. An der Information erfahre ich, dass meine Mutter auf der Intensivstation liegt. Oh nein! Dann geht es bei ihr wirklich um Leben und Tod. Ich habe Angst, meine Mutter zu verlieren. Bitte nicht!

Bevor ich die Station betreten kann, muss ich mich bei einer Schwester vorstellen: »Ich bin die Tochter von Frau H.« Die Schwester nickt betroffen und führt mich zum Zimmer meiner Mutter. Sie ist an unzählige Maschinen angeschlossen und nicht ansprechbar. In dem weißen Krankenhausbett, umgeben von der vielen Technik, sieht sie noch mickriger aus als bei unserem letzten Treffen an Weihnachten. Nur ihr Gesicht wirkt beinahe entspannt. Es ist schrecklich, sie so zu sehen.

Ich frage die Schwester, ob ich den Arzt sprechen dürfte. Der erzählt mir wenig später: »Wir haben ihren Magen ausgepumpt. Es ist nicht ganz klar, was sie genommen hat und wann sie es genommen hat. Aber sie hat einen Abschiedsbrief hinterlassen.«

Erstaunt sehe ich den Mann an. Einen Abschiedsbrief? Dann hat sie ihren Tod so richtig geplant. Ich schaue noch einmal zu dem leblosen Körper, der meiner Mutter gehört. Der Frau, die immer so fröhlich war, wenn wir unsere Mädels-Nachmittage miteinander verbracht haben ... Sie wollte also sterben.

Weil sie als Mutter versagt hat? Oder weil ihr geliebter Mann in U-Haft sitzt?

Ein bisschen fürchte ich mich davor, den Brief zu lesen. Ein bisschen hoffe ich, dass sie schreibt, wie leid ihr alles tut. Auch wenn mir mein Bauchgefühl schon entgegenbrüllt, dass ich das wohl kaum erwarten kann. Dementsprechend schlecht ist mir, als ich den Umschlag öffne. Und vielleicht hätte ich ihn niemals öffnen sollen – ihr Abschiedsbrief ist ein Albtraum. Ein absoluter Albtraum. Sie hätte sich ja durchaus Selbstvorwürfe machen können, was sie für eine schlechte Mutter gewesen ist, dass sie meinen Bruder und mich nicht beschützt hat. Aber nichts dergleichen! Stattdessen gibt sie mir die Schuld an ihrem Tod, »weil ich diese alten Kamellen ausgegraben habe«. Ich sei ja schließlich »nicht unbeteiligt gewesen«. Im Übrigen könne sie mir »nie verzeihen, dass ich ihren Mann ins Gefängnis gebracht habe«.

Ich bin wie vor den Kopf gestoßen und kann erst mal gar nichts mehr sagen oder denken. Entsetzt starre ich auf das Blatt Papier in meinen Händen. Hasst mich meine Mutter so sehr, dass sie mir das antut? Wie in Trance schleiche ich aus dem Krankenhaus und fahre nach Hause.

Obwohl sie nun wirklich nichts (oder nicht viel) zu *meinem* Schutz getan hat, habe *ich* immer noch das Gefühl, meine Mutter beschützen zu müssen. Sie tut mir leid. Ich finde das alles total traurig. Dabei sollte ich doch eigentlich inzwischen gelernt haben, damit umzugehen! Schuld an allem ist diese blöde Anzeige! Als ich am Abend noch einmal in der Klinik anrufe, erfahre ich, dass meine Mutter noch immer nicht wach geworden ist.

Ins Forum schreibe ich:

»Habe im Moment irgendwie nicht so eine gute Zeit. Hasse mich dafür, dass ich nicht stärker bin, aber ich komme da nicht gegen an. Ich weiß nicht, warum ... :-/

Ich habe im Moment das Gefühl, durch die Hölle zu gehen.

Und frage mich, wofür ich das Ganze tue? Um andere zu schützen? Und am Ende kommt da eine Strafe raus, die vielleicht alles andere als zufriedenstellend ist? Von Gerechtigkeit möchte ich überhaupt gar nicht sprechen. Dieser Mensch hat mein Leben ziemlich zerstört. Was sind dann schon ein paar Jahre Gefängnis? Und was passiert hinterher? Stelle mir immer wieder dieselben Fragen. Vor allem die Schuldfrage.«
Eintrag in ein Missbrauchs-Forum, 1. Februar 2012, 19:41 Uhr

Seit ich Anzeige gegen meinen Stiefvater erstattet habe, denke ich oft, jetzt ist alles so schlimm, schlimmer kann es nicht werden.

Aber jetzt ist es tatsächlich noch schlimmer gekommen. Denn als würde mir die Anzeige nicht schon genug Kraft rauben, kommt nun auch noch der Selbstmordversuch meiner Mutter dazu. Obwohl sie mir sogar die Schuld an ihrem Selbstmord gibt, macht mich die Angst, sie könne tatsächlich sterben, beinahe wahnsinnig. Ich wünsche mir doch so sehr, dass wir uns aussöhnen. Irgendwann.

In dieser Nacht kann ich mal wieder nicht schlafen und fahre noch vor Sonnenaufgang in die Klinik. Natürlich könnte ich dort auch anrufen. Aber das reicht mir nicht. Ich muss sie sehen.

»Sie ist immer noch nicht bei Bewusstsein. War gerade schon da. Mache mir richtige Sorgen, obwohl ich gar nicht weiß, was ich denken soll.«
SMS an Kerry vom 2. Februar 2012, 6:47 Uhr

Und dann passiert etwas Merkwürdiges. Da meine Mutter nicht ablehnend reagieren kann, wenn ich sie besuche, fällt es mir leicht, mich um sie zu kümmern, und ich kann die besorgte Tochter einer bemitleidenswerten Mutter spielen. Es ist ein – zumindest der Lage entsprechend – normaler Mutter-Tochter-Umgang möglich. Ich kann sogar ihre Hand streicheln. Ich kann ihr so nah sein wie lange nicht mehr. Was für eine verrückte Situation!

Sogar als sie wieder aus dem Dämmerschlaf erwacht, bleibt unser Umgang vergleichsweise liebevoll. Kerry halte ich per SMS permanent auf dem Laufenden:

»Sie ignoriert mich total. Liegt da und sagt nichts und zeigt auch keine Reaktion. Das tut irgendwie verdammt weh.«
SMS an Kerry vom 4. Februar 2012, 6:41 Uhr

»Meiner Mutter geht es nicht gut. Sie will einfach nichts trinken oder zu sich nehmen. Könnte sie dafür hassen. Die Ärzte können bzw. dürfen nichts machen, da sie eine Patientenverfügung hat. Warum auch immer. Morgen kommt die Ethikkommission zusammen, um zu entscheiden, was weiter passieren soll. Wünsche mir so sehr, dass alles gut wird. So komisch es klingen mag.«
SMS an Kerry vom 6. Februar 2012, 20:35 Uhr

»Ich kann es gar nicht sagen, was die Ethikkommission genau bewirken kann. Wahrscheinlich gar nichts, weil die Patientenverfügung ja vorhanden ist. Noch hoffe ich wirklich, dass sie sich irgendwie wieder besinnt. Das ist ja nicht normal. Und ich finde es auch alles andere als fair. Habe ihr gestern einen Brief gegeben und ein Foto von ganz früher... Weiß nicht, ob sie es noch wirklich wahrgenommen hat. Der Psychologe dort auf Station hatte das so empfohlen und ich soll heute auch nicht zu ihr. Ich hoffe sehr, dass es nicht zu spät ist. Habe momentan wirklich

Angst. Aber irgendwie hoffe oder denke ich noch positiv. Ich weiß auch nicht, warum ...«
SMS an Kerry vom 7. Februar, 2012, 6:09 Uhr

»Die Kommission hat sich entschieden, nicht einzugreifen. Und ich war vorhin kurz da, aber nicht bei ihr drin, und da meinte der Arzt, sie hätte heute tatsächlich gefragt, ob ich nicht gekommen sei. Und sie hätte etwas getrunken. So eine totale Kleinigkeit, die mich aber trotzdem sehr berührt oder gefreut hat. Ich hoffe, es wird doch noch alles ›gut‹. Oder zumindest besser. Ach so – ich war ja mittlerweile auch zu dem Gutachten. Ich bin verhandlungsfähig. Immerhin. Weiß zwar nicht, ob ich mich drüber freuen soll. Aber wahrscheinlich ist es besser.«
SMS an Kerry vom 11. Februar 2012, 7:22 Uhr

»Guten Morgen :), gestern ist wirklich mal was Positives gewesen. Ich war bei meiner Mutter und es kam eine Reaktion. Erst guckte sie mich gar nicht wirklich an, dann guckte sie weg und dabei sagte sie, dass es ihr leidtut. Was auch immer ...

Kann es aber nicht wirklich sagen, wie das gemeint war. Vielleicht meinte sie es ernst und es war ein Anfang. Vielleicht aber auch eben nicht. Weiß mitunter im Moment nicht mehr so wirklich, was ich denken soll.«
SMS an Kerry vom 15. Februar 2012, 5:38 Uhr

Ich schöpfe Hoffnung. Seit fast zwei Wochen haben wir nun unsere »der Lage entsprechend normale Mutter-Tochter-Beziehung«. Sie lehnt mich weder offen ab, noch ist sie durch den Alkohol nicht ansprechbar. Ich wünsche mir so sehr, dass ich mich weiter um meine Mutter kümmern kann und wir dadurch wieder zueinanderfinden.

Mittlerweile ist klar, dass ich vernehmungsfähig bin, dass ich also vor Gericht eine Aussage machen muss. Plötzlich geht nach all meinen Vernehmungen der vergangenen Monate alles sehr schnell. Zu schnell für mich. Denn momentan belastet mich der Zustand meiner Mutter viel zu sehr, als dass ich an die Gerichtsverhandlung denken wollte. Daher blende ich den nahenden Prozessbeginn einfach aus, weil ich Angst habe, das könnte unseren Neuanfang wieder zerstören. Ich denke nur an das Hier und Heute.

»Meiner Mutter scheint es wirklich besser zu gehen. Sie isst wieder einigermaßen regelmäßig und wirkt auch viel klarer. Kann es im Moment aber trotzdem nicht so wirklich einschätzen, wie sie sich verhält und ob das alles ernst gemeint ist. Ist ganz komisch gerade. Eigentlich würde sich danach automatisch ein Psychiatrieaufenthalt anschließen. Ich habe nur Angst, dass sie sich nur deswegen zusammenreißt, damit sie da nicht hinmuss. Also vielleicht ist der Gedanke Quatsch, aber irgendwie kam er mir trotzdem in den Sinn ...

Im Moment kommt mir alles so unwirklich vor, dass es bald zum Prozess kommen könnte und wahrscheinlich auch wird. Das ist ein superschreckliches Gefühl für mich. Zum einen die Ungewissheit, wie das ist, wie das werden soll. Wenn ich schon daran denke, wird mir wahnsinnig schlecht. Fand oder finde die Vernehmungen schon immer grausam. Aber vor Gericht? Das ist ja alles noch mal ganz anders.

Ich weiß gar nicht, ob ich das kann. Mir wird in solchen Situationen ja oft so schwindelig und schlecht, dass ich einfach umkippe oder kurz davor bin. Mein Anwalt meint aber, das wird schon werden. Und wirkt, während er das so sagt, wenigstens authentisch. Haha, als wenn das meine größte Sorge wäre ... Na

ja, als das Gutachten erstellt worden ist, wurde mir gesagt, dass es viele Möglichkeiten gibt, es angenehmer für einen zu machen. Ich könnte mir die Räume vorher ansehen (obwohl ich nicht weiß, ob mir das hilft), es können Pausen gemacht werden, wenn es zu viel ist, und ich könnte ja auch eine Begleitung bekommen. Aber das möchte ich auch nicht.«
E-Mail an Kerry vom 18. Februar 2012, 12:55 Uhr

Manchmal fühlt es sich so an, als würde ich ein Doppelleben führen: das der fürsorglichen Tochter im Krankenhaus und das der bösen Prozessgegnerin, die den Ehemann ins Gefängnis bringen will (und zumindest schon in U-Haft gebracht hat). Zwei absolut gegensätzliche Rollen. Freund und Feind zugleich. Ich versuche, meinen zweiten, »bösen« Part auszublenden und ganz in der Rolle der liebevollen Tochter aufzugehen. Doch eines Tages schickt mich meine Mutter überraschend in die Prozessgegner-Ecke.

»Es gibt einiges Neues. Und irgendwie doof. Zum einen meine Mutter: Jetzt geht es ihr besser, sie möchte aber keinen Kontakt mehr mit mir. O. k. Irgendwann kann ich auch nichts mehr machen. Na ja, ist gerade doof. Aber o. k. Irgendwie wird es schon gehen.«
SMS an Kerry vom 18. Februar, 22:05 Uhr

An diesem Abend bin ich gefasst. Obwohl damit meine Hoffnung auf eine Versöhnung erst mal gestorben ist. Vielleicht bin ich ein Stück weit erleichtert, jetzt wieder zu wissen, woran ich bin. Ich weiß jetzt wenigstens, wo ich stehe.

Allerdings verschwindet diese Klarheit bereits am nächsten Morgen. Normalerweise hätte ich meine Mutter in der Klinik besucht, aber das will sie nun nicht mehr. Und plötzlich reißt ihre Entscheidung einfach nur noch ein riesiges Loch in meine Seele. Mich überschwemmt eine unfassbare Traurigkeit.

»Ich kann es gar nicht verstehen – aber es tut mir so weh. Obwohl sie mich viele Jahre wirklich verletzt hat. Dass es sich immer noch nicht geändert hat. Ich kann es einfach nicht begreifen. Und will es irgendwie nicht wahrhaben. Anscheinend ... Irgendwie bleibt sie ja trotzdem meine Mutter und ich hab total das Gefühl, für sie sorgen oder sie beschützen zu müssen. Sie hat es ja wahrscheinlich nicht so gewollt ...! Es ist doof. Weiß im Moment nicht mehr, was ich noch machen soll. Fühle mich alleingelassen, obwohl das ja nichts Neues ist. Komisch, oder?«
E-Mail an Kerry vom 19. Februar 2012, 10:46 Uhr

Mir geht es überhaupt nicht gut. Kerry bemüht sich zwar wirklich, für mich da zu sein, ruft jeden Tag an, kommt vorbei, bringt mir Essen oder kleine Geschenke, aber irgendwie berührt sie mich nicht. Ich fühle mich einsam. So einsam, dass ich weinen könnte. Manchmal ärgere ich mich sogar, dass ich ihr das alles erzählt habe. Hätte ich meine Klappe gehalten, wüsste sie nichts und würde sich ganz normal benehmen. So tanzt sie immer besorgt um mich herum und ich kann kaum damit umgehen. Ich fühle mich schlecht und möchte bitte auch schlecht behandelt werden. Das kenne ich wenigstens.

Aber ich stelle fest, dass es noch etwas viel Schlimmeres gibt, als zu gut oder zu schlecht behandelt zu werden, und das ist, wenn man gar nicht behandelt wird. Warum kann meine Mutter mich nicht beschimpfen oder mir Vorwürfe machen? Dass sie einfach nichts mehr mit mir zu tun haben möchte und das auch ganz klar so sagt, macht mich fertig. Es bestätigt mein Gefühl, an allem selbst schuld zu sein. Wieder stelle ich mir ständig die Frage, wieso ich mich nicht gewehrt habe. Weil ich es wollte – wahrscheinlich. Verdammt. Nein. Natürlich nicht. Aber so muss es ja rüberkommen. Mich machen diese Gedanken allmählich wahnsinnig.

Und inmitten meiner selbstzermürbenden Stimmung ruft mein Anwalt an, was selten genug der Fall ist. Deshalb kommen bei jedem unserer seltenen Gespräche die Informationen ziemlich geballt. »Am Montag wird der Termin festgesetzt, wann der Gerichtsprozess gegen Ihren Stiefvater beginnt.« Ich bin geschockt. Erst kam mir die Zeit so endlos vor, in der ich immer nur befragt wurde – nun plötzlich geht es so schnell. Viel zu schnell. Ich bin noch nicht so weit.

Immerhin erzählt Herr Rabe, dass mein Stiefvater in großen Teilen geständig ist: »Jede einzelne Tat kann man da ja ohnehin nicht einzeln aufrollen.«

Jede einzelne Tat? Mir wird ganz schlecht, dass ihm das überhaupt in den Sinn kommt. Wie genau soll ich das denn vor Gericht noch einmal ausbreiten? Aber das frage ich ihn nicht. Eigentlich sage ich gar nichts. Mir ist das zu viel. Vor allem, weil ich nun auch weiß: Meine Anhörung findet in Anwesenheit meines Stiefvaters statt! Er wird nur wenige Meter von mir entfernt sitzen, mich ansehen und anhören. Mir wird schlecht. Plötzlich habe ich verdammte Angst. Ich dachte immer, es würde schon gehen. Jetzt nicht mehr.

Je schwächer mir zumute ist, desto stärker wird die

Sehnsucht nach meiner Mutter. Vielleicht, weil ich mich früher einmal geborgen bei ihr gefühlt habe. Ich vermisse dieses Höhlengefühl. Vielleicht würde es mir leichter fallen, wenn ich es niemals kennengelernt hätte. Es ist wie die Vertreibung aus dem Paradies ...

Die kommenden Tage sind eine einzige Qual. Ich schleppe mich nur noch von zu Hause zur Arbeit, in den Stall und wieder nach Hause. Nicht einmal das Reiten macht mir noch Freude. Schließlich rufe ich sie vom Büro aus einfach an.

»Mama?« Es klingt wie eine Bitte.

Sie antwortet nicht.

»Wie geht es dir?«, will ich wissen.

Schweigen. Dann ein Klicken. Sie hat aufgelegt.

Traurig starre ich auf mein Handy. Ich wünschte, ich könnte genauso gut mit uns abschließen, wie sie es offenbar fertigbringt. Aber das kann ich nicht. Ich fühle mich an sie gefesselt. Es ist schrecklich.

Mir geht es so dreckig, dass ich ausnahmsweise früher von der Arbeit nach Hause gehe. Und eigentlich hätte ich mal wieder gedacht, dass es noch schlimmer nicht kommen könnte. Aber dann passiert etwas, was beinahe noch schlimmer ist als alles Bisherige zusammen ...

»Am Montagabend stand meine Mutter überraschend vor meiner Haustür. Ich dachte, sie wollte sich entschuldigen oder so etwas. Aber natürlich nicht. Sie ist mit einem Messer auf mich losgegangen. Sie stand völlig neben sich. Kann es einfach nicht verstehen. Es ist schlimm. Bin mal wieder im Krankenhaus. Habe gerade erst mein Handy bekommen und nachher die restlichen Sachen.«

SMS an Kerry vom 8. März 2012, 8:34 Uhr

Unmittelbar nach dem Versenden meiner Nachricht klingelt mein Telefon. Ich möchte zwar, dass Kerry weiß, was los ist – zumal ich ja nun auch drei Tage nicht erreichbar und sie ihren unzähligen SMS und Anrufen nach sehr in Sorge war –, aber reden möchte ich nicht darüber. Ich lasse mein Handy also klingeln und schreibe ihr wenig später:

»Ich hoffte sogar noch auf ein Wunder, als sie vor mir stand. Ein Traum ... Mir geht es wieder relativ gut. Hab wohl Glück gehabt. Sehe das zwar noch nicht so. Aber na ja.«
SMS an Kerry vom 8. März 2012, 9:41 Uhr

Weil Kerry inzwischen weiß, wann ich ganz offensichtlich nicht ans Telefon gehen möchte, versucht sie nicht noch einmal, mich zu erreichen, sondern bombardiert mich stattdessen mit SMS: »Und wie geht es dir? Bist du schwer verletzt? Soll ich dich irgendwo abholen? Sitzt deine Mutter im Gefängnis?«

Im Gefängnis? Quatsch! Dazu hätte ich meine Mutter anzeigen müssen. Das mache ich nicht. Egal, was sie tut.

»Meine Mutter wurde danach völlig betrunken zu Hause aufgefunden. Kann einfach nicht verstehen, wieso das alles so ist. Komme damit im Moment schlecht zurecht. Und mittlerweile denke ich ernsthaft daran, irgendwie wegzugehen. So wahnsinnig viel hält mich hier nicht mehr.«
SMS an Kerry vom 8. März 2012, 14:05 Uhr

Nach meiner Entlassung aus dem Krankenhaus fühle ich mich ganz leer. Wie betäubt. Was soll ich noch in diesem Leben? Wozu? Ich hasse mich. Ich will nicht zum Prozess.

Ich will, dass diese Erinnerungen verschwinden und meine Gefühle nicht mehr so schmerzen. Aber irgendwie fehlt mir selbst dafür die Kraft, dem allem ein Ende zu setzen. Ich habe für gar nichts mehr Kraft und funktioniere nur noch auf Sparflamme. Gedimmt. Was für ein Scheißleben! Und es geht immer weiter – dem Prozess entgegen. Fünf Verhandlungstage sind angesetzt. Der erste am 2. Mai 2012. Da soll zuerst mein Stiefvater aussagen und dann ich. In mir explodiert die Angst vor diesem Tag. Ich versuche, meine schlimmen Gedanken im Forum loszuwerden.

»Der Termin rückt nahe. Mir ist so ungut bei dem Gedanken daran. Noch nicht mal, ihm gegenüberzustehen, das ist gar nicht das Schlimmste. Auch schlimm, aber nicht das, wovor ich am meisten Angst habe. Denke immer und immer wieder daran, was denn danach ist. Toll, dann ist es vorbei. Und dann? Was hab ich denn davon? Die Gedanken fressen mich gerade auf. Werde aussagen, wenn er dabei ist. Er soll nicht sehen, was er mit mir gemacht hat. Verdammt. Ich hasse ihn so sehr. Die Jahre. Was er mit mir gemacht hat. Wie soll das je wieder‹gut‹gemacht werden? Ich würde so gerne sagen, es ist o. k. Aber das ist es einfach nicht. Es ist Scheiße. Denke immer wieder daran, lieber nicht leben zu wollen. Warum auch? Dreckig, benutzt, unfähig, zu nichts imstande. Schlafen? Wäre Luxus. Immer diese Träume. Es ist zum Kotzen. Und ich weiß, ich stelle mich an. Mann, es ist vorbei! Aber ich kann es einfach nicht so sehen. Ich hasse ihn und noch mehr mich. Dass ich das zugelassen hab.«
Eintrag in ein Missbrauchs-Forum, 26. April 2012, 21:30 Uhr

8. Verhandlung

*»Ein Freispruch des Täters kann für das Opfer
zerstörerisch wirken. Dagegen kann eine Verurteilung bei entwickeltem Bewusstsein des Opfers eine
Heilung in Gang setzen. Wichtig ist auf jeden Fall
eine engmaschige Betreuung des Opfers.«*

Veit Schiemann, Pressesprecher Weißer Ring e.V.

»Ich möchte schreien.
Doch es kommt nichts heraus.
Möchte einfach durchdrehen.
Mich nicht mehr spüren.
Aber doch leben.
Aber was ist Leben?
Wie geht Leben?
Leben.
Was für ein komisches Wort.
Nach dem Leben streben.
Oder doch lieber nach dem Ende rennen?
Ich kann es nicht ordnen.
Die Welt dreht sich munter.
Und mich?
Mich lässt sie nicht runter.
Ich kann es nicht verstehen.
Ich möchte schreien.

*Und frei sein.
Einfach nur frei.«*
Gedicht vom 9. Mai 2012

Es ist so weit. Der erste Prozesstag. Verunsichert und nervös stehe ich im Flur der Anwaltskanzlei. Neben mir die Dame vom Weißen Ring. Immer wieder nickt sie mir aufmunternd zu. Zu reden fällt ihr nichts ein. Ich merke, dass sie ebenfalls aufgeregt ist. Aber ihre Aufregung ist noch nichts gegen die von Herrn Rabe. Wie ein aufgescheuchtes Huhn läuft er durch die Kanzlei und sucht seine Unterlagen zusammen. Als wir dann endlich in seinem Auto sitzen, stellt er fest, dass er etwas vergessen hat. Zurück ins Büro. Kaum ist er wieder bei uns, fällt ihm ein, dass er die Bürotür nicht abgeschlossen hat. Wieder raus aus dem Auto und im Stechschritt zum Büro. Seine Unruhe macht mich fertig! Und die »Weiße-Ring-Omi« lächelt nur. Und nickt. Ich bin froh, als wir uns endlich in Bewegung setzen. Nun will ich das Ganze auch hinter mich bringen!

Vor dem Gerichtsgebäude steht Kerry. Was für eine Überraschung! Zwar hatte ich immer gesagt, dass ich sie nicht dabeihaben wolle, aber als ich sie jetzt sehe, freue ich mich.

»Ich kann dich doch nicht alleine lassen.« Sie lächelt unsicher. »Oder soll ich gehen?«

»Nein«, wehre ich ab und drücke ihre Hand. Ich freue mich wirklich, dass sie hier ist.

Das Gebäude wirkt riesig. Breite leere Gänge, in denen die Schritte besonders laut hallen. Ich fühle mich wie eine Maus. Klitzeklein. Unbedeutend. »Wir suchen uns jetzt mal den Aufenthaltsraum«, verkündet Herr Rabe. Auf ihn hat das Gebäude anscheinend den genau gegensätzlichen Effekt. Er wirkt plötzlich groß und stark und aufrecht. Ich bin nun froh, ihn an meiner Seite zu haben. Auch Kerry schaut ihn beinahe ehrfürchtig an. Zielsicher führt er uns in den Raum, in dem ich warten soll, bis ich meine Aussage machen darf. Ein karges Zimmer mit einem Tisch, um den mehrere Stühle stehen. Auf dem Tisch: Getränke und Gläser. Und an der Wand tickt eine Uhr. Es ist kurz vor 9 Uhr.

Mir schießen die Tränen in die Augen. Kerry bemerkt es sofort. »Alles gut?« Ich nicke und meine Freundin verzieht skeptisch das Gesicht. Natürlich geht es mir nicht gut, aber wenn ich jetzt rede, dann fließen die Tränen. Vor lauter Anspannung. Dagegen könnte ich gar nichts machen. Ich habe solche Angst! Was ist, wenn ich keinen Mucks herausbekomme? Wie wird ER mich ansehen? Das ist der Horror! Der absolute Horror! Was, wenn ich meine Mutter hier treffe? Oder meine alte Lehrerin, die damals zu Hause angerufen hat, nachdem ich ihr von dem Missbrauch erzählt hatte? Oder Robert, meine erste Liebe? Sie alle sind geladen. Vielleicht nicht gleich heute. Aber wer weiß, wer trotzdem kommt. Sehen möchte ich am liebsten überhaupt niemanden! Ich spüre, dass Kerry mich beäugt. Dann drückt sie meine Hand. »Wird schon!«, meint sie. Ich schüttele den Kopf. Nichts wird!

Mein Anwalt verabschiedet sich. Der Prozess beginnt. Zuerst soll die Anklageschrift verlesen werden. Da könnte ich zwar auch dabei sein, ich möchte meinen Aufenthalt im Gerichtssaal aber lieber auf ein Minimum beschränken. Herr Rabe tätschelt mir unbeholfen den Arm, bevor er geht. Vor lauter Stress ist mir kotzübel.

Ein wenig verloren sitzen Kerry, Frau Schmitz vom Weißen Ring und ich an dem kargen Tisch. Kerry versucht, uns zwischendurch ein wenig mit lustigen Plaudergeschichten aufzumuntern. Frau Schmitz und ich lachen pflichtschuldig. Eine lockere Stimmung kommt natürlich trotzdem nicht auf. Ich sehe pausenlos zur Uhr. Was wohl gerade passiert? Immer noch die Anklageverlesung? Oder schon die Aussage meines Stiefvaters? Wann bin ich dran?

»Ich gehe mal eben auf die Toilette«, sage ich schließlich und erhebe mich.

»Soll ich mit?«, bietet Kerry an, aber ich schüttele den Kopf: »Warum solltest du? Oder musst du auch?«

Als ich die Tür öffne, bin ich einerseits froh, mich kurz bewegen zu können, andererseits fühle ich mich auf den einschüchternd großen Gängen auch schutzlos. Die Toilette ist ausgeschildert, aber ein ganzes Stück von unserem Raum entfernt. Ich biege gerade um die letzte Ecke, da sehe ich sie: meine Mutter. Es trifft mich wie ein Blitzschlag. Wie sie da steht: klein und zerbrechlich. Der Alkoholkonsum ist ihr deutlich anzusehen. Sie sieht schlecht aus, finde ich. Im Gesicht. Total fertig. Als sie mich erkennt, dreht sie sich ruckartig um und beginnt zu weinen. Ich höre es. Erkenne es an ihrer Haltung. Schnell laufe ich zur Toilette und muss dort erst einmal verschnaufen. Sie hat mich nicht einmal gegrüßt. Gar nichts. Ich bin schockiert. Unser erstes Zusammentreffen seit der Messerattacke. Und sie weint. Warum? Weil wir beide hier sind? Weil sie nichts verhindert hat? Ich verstehe es nicht.

Nun traue ich mich kaum noch aus dem Waschraum. Wie sie mich angesehen hat! Warum ist sie überhaupt hier? Sie ist doch heute gar nicht dran! Um ihrem Mann beizustehen? Dieser Gedanke tut mir weh. Er zerreißt mich fast. Zu ihm hält sie – egal, was er macht. Und was ist mit mir?

Ich muss dringend zurück. Vielleicht warten die schon auf meinen Auftritt. Ich könnte kotzen.

Als ich kurz darauf unser Wartezimmer betrete, sieht Kerry mir sofort an, dass etwas passiert sein muss. »Alles in Ordnung?«, will sie wissen. Und mir schießen schon wieder die Tränen in die Augen. Ich kann nichts sagen. Und Kerry fragt auch nicht weiter, sondern guckt mich nur bedrückt an.

Um 12:35 Uhr öffnet plötzlich Herr Rabe die Tür. Mein Herz setzt aus. Kommt jetzt meine Vernehmung? Mein Anwalt ruft in den Raum: »Mittagspause, lassen Sie uns was essen gehen!« Artig laufen wir ihm hinterher in die Kantine. Aber essen möchte keiner etwas – außer Herr Rabe. Zwischendurch sagt er: »Nun ist Ihr Stiefvater mit seiner Aussage dran. Sie müssten sich dann noch bereithalten.« »Bereithalten« – wie das klingt! Ansonsten erzählt mein Anwalt gar nichts. Allerdings frage ich auch gar nichts. Ich habe viel zu viel Angst, etwas zu erfahren.

Nach dem Essen verschwinden wir wieder im Warteraum. Ich bin aufgeregt. Rechne jeden Moment damit, aufgerufen zu werden. Aber nichts passiert. Nur der Minutenzeiger der Uhr wandert vorwärts. Kerry fallen keine Geschichten mehr ein. Wir warten alle nur darauf, dass ich abgeholt werde.

Um halb vier taucht dann Herr Rabe wieder auf. Mein Herz hämmert bis in meinen Kopf. »Er hat ausgesagt und so weit alles zugegeben. Sie werden beim nächsten Termin befragt«, fasst Herr Rabe kurz zusammen und deutet uns an, dass wir nun aufbrechen sollten. Ich fühle mich wie erschlagen. Die ganze Anspannung – völlig umsonst. Beim nächsten Termin. Ich hatte so gehofft, es heute hinter mich zu bringen. Jetzt liegt es also wieder vor mir. Ich fühle mich elend. Aufgekratzt und gleichzeitig total frustriert komme ich zu Hause an. Heute bin ich sogar zu schlapp, um in den Stall zu fahren. Ich setze mich an meinen Computer.

»Heute war der erste Tag. Es war einfach nur komisch, aufwühlend und anstrengend. Obwohl ich noch überhaupt nicht ausgesagt habe. Ich saß die ganze Zeit im Warteraum und wusste nicht, ob ich noch aufgerufen werde oder nicht. Es klingt vielleicht lächerlich, aber ich habe das als total schlimm empfunden. Zum einen wusste ich nicht, was gerade vor sich geht, was er sagt, ob alle denken, dass ich Schuld habe? Dass er sich ins gute Licht redet oder was auch immer … Frage mich die ganze Zeit, ob man das nicht ganz klar regeln kann??? Das Argument wäre wahrscheinlich, dass man es eben nicht planen kann und Leerlauf teuer ist. Hauptsache, nicht an die Opfer denken …

Wie oft wurde mir versprochen, dass ich keinen sehen muss, den ich nicht sehen möchte – außer im Gerichtssaal. Und was war? Gleich heute Morgen sehe ich meine Mutter. Natürlich als Häufchen Elend. Verdammt, meint man denn, mir tut das nicht weh? Fühle mich so wahnsinnig schuldig. Hätte ich nichts gesagt, vielleicht wäre sie dann glücklicher. Vielleicht steht sie ja drauf, von ihm so behandelt zu werden. Obwohl es schwer vorstellbar ist. Ich weiß noch nicht mal, ob ich einfach nur traurig bin oder doch auch sauer. Eigentlich müsste sie doch froh darüber sein, dass es nun vorbei ist. Irgendwie dachte ich immer, die Natur hätte es so eingerichtet, dass die Mütter ihre Kinder automatisch lieben. Dass ich nicht lache! Einen Scheißdreck hat sie!«
Eintrag in ein Missbrauchs-Forum, 2. Mai 2012, 21:23 Uhr

Zwei Tage bis zum nächsten Termin. Einerseits bin ich froh, dass es so bald ist – ich will es endlich hinter mir haben. Auf der anderen Seite graut es mir schon jetzt davor, noch einmal dieses Gebäude zu betreten. Albtraum! Am liebsten würde ich davonlaufen.

Offenbar scheint mein Anwalt mir das sogar zuzutrauen. Er ruft mich am folgenden Tag an – um mich aufzubauen. Das hat er vorher noch nie getan! »Ihr Stiefvater hat sich absolut unglaubwürdig verhalten. Machen Sie sich keine Gedanken!«, lässt er mich wissen.

Und ich denke: Machen Sie sich keine Gedanken? Fast lustig, der Satz! Wie sollte ich mir denn keine Gedanken machen? Als er merkt, dass ich auf seine vermeintlichen Aufmunterungen nicht reagiere, beendet er das Telefonat: »Bis morgen!« Und auch das klingt mehr nach Anweisung als nach Verabschiedung.

Erstaunlicherweise schlafe ich in dieser Nacht mehr als vor dem ersten Verhandlungstag. Dabei fühle ich mich viel schlechter. Denn da ist der eine Gedanke, der mich seit dem Aufstehen fertigmacht: Was ist, wenn die Schöffen mir nicht glauben? Was, wenn sie denken, ich sei selbst schuld? Weil ich ihn animiert habe? Oder weil ich mich nicht gewehrt habe? Immer und immer wieder stürzen diese Fragen auf mich ein.

Bis ich wieder im Gericht sitze und darauf warte, befragt zu werden, bin ich mir schon sicher, dass alle auf SEINER Seite sein werden. Warum sollte mir jemand glauben?

Dann öffnet eine fremde Frau die Tür und bittet mich, ihr zum Verhandlungssaal zu folgen. Es ist ein schwerer Gang. Furchtbar schwer. Ich bekomme kaum Luft. Zum ersten Mal wehre ich mich gegen meinen Stiefvater. Zum ersten Mal bin ich für ihn nicht angreifbar – egal, was ich sage oder mache. Und trotzdem spüre ich seine Macht. Er schüchtert mich ein, macht mir Angst. Ich nehme mir vor, in seine Richtung zu schauen, Stärke zu zeigen.

Mein Blick fällt sofort auf ihn, sobald sich die Tür öffnet. Er sitzt ganz lässig da, so, als wäre er mit Kumpels im Biergarten oder so. Schon alleine diese Haltung verletzt mich. Dabei schaut er mich direkt an. Ich meine, ein Lächeln in seinem Gesicht zu erkennen. Ein hämisches Lächeln. Und ich bin mir in diesem Moment ganz sicher: Reue spürt er nicht. Er würde es immer wieder tun.

Die Richterin bittet mich, direkt vor ihr Platz zu nehmen. Sie sieht mich freundlich an und fragt erst einmal, wie es mir geht: »Sind Sie bereit?« Ich nicke.

Der Raum ist nicht groß, viel kleiner, als ich es erwartet habe, vielleicht ein wenig größer als ein Klassenraum. Ich schäme mich, senke den Blick. Alle in diesem Raum wissen, was er mit mir gemacht hat …

Dann werden meine persönlichen Daten abgefragt: Name, Alter, Wohnort. Und schließlich höre ich die Stimme der Richterin: »Sie wissen, warum Sie hier sind?« Jetzt geht es los. Ganz anders als bei der Polizei. Viel vorsichtiger. Kein »Und wo hatte er dabei seinen Arm? Und wo sein Bein? Und wie genau hat er Sie festgehalten?«. Sondern viel allgemeiner. Dafür bin ich dankbar, das macht es mir leichter: »Wie war Ihre Kindheit? Wie war Ihr Verhältnis zu Ihrer Mutter? Wann ist Ihr Stiefvater in Ihr Leben getreten? Wann gab es den ersten Übergriff? Wo ist es passiert?« Mit gesenktem Kopf rede ich und sehe kein einziges Mal auf. Irgendwann wird meine Befragung unterbrochen: Mittagspause. Ich bin ganz erstaunt, wie schnell zweieinhalb Stunden vergehen können. Mein Anwalt wirkt mehr als zufrieden: »Das läuft ganz toll!«, freut er sich und haut in der Kantine wieder so richtig rein. Ich kann nichts essen.

Nach der Pause geht es weiter mit meiner Befragung: »Wie oft haben die Übergriffe stattgefunden? Und wie haben Sie sich gefühlt, als er diese Dinge mit Ihnen gemacht hat?« Konnte ich bis dahin gut reden, verschlägt es mir bei der letzten Frage plötzlich die Sprache: DAS kann ich nicht sagen. Nicht vor ihm. Es geht nicht. Das macht mein Körper nicht mit. Ebenso blockiert er bei der Frage »Wie geht es Ihnen heute?«. Was soll ich denn sagen? Dass ich nicht in der Lage bin, eine Beziehung zu führen, dass ich nicht essen kann, schlecht schlafe, ständig von den Übergriffen träume, mich regelmäßig selbst verletze? Das bringe ich nicht über die Lippen! Diesen Triumph gönne ich ihm nicht. Er darf nicht wissen, wie es in mir aussieht und wie sehr er mich zerstört hat. Deshalb bleibe ich vage: »Es ist schwierig.« Die Richterin hakt nach: »Was bedeutet ›schwierig‹?« Ich weiche aus: »Leben fällt mir nicht gerade leicht.« Das reicht der Richterin. Scheinbar hat sie genug gehört. Nach weiteren zwei Stunden Befragung ist auch der zweite Prozesstag beendet. Es tut mir gut, das Erlebte am Abend im Forum loszuwerden:

»Heute war ich dran. Und es war auf der einen Seite schlimmer, als ich es mir gedacht habe. Andererseits bin ich auch gerade einfach so verdammt froh, dass es vorbei ist. Und frage mich überhaupt: Wofür das Ganze??? Hab auch keine Ahnung, ob ich es gut finde, vor IHM ausgesagt zu haben. Mein Anwalt meinte, hinterher würde ich mich besser fühlen. Weil ich ihm gezeigt

habe, dass er mich nicht kaputt gemacht hat und ich stärker bin als er. Irgendwie bin ich von dem Gefühl noch weit entfernt. Und gerade kann ich mir auch im Leben nicht vorstellen, dass es irgendwann eintritt. Eher fühle ich mich, als wenn ich mit jedem Satz noch kleiner geworden wäre. Die ganze Zeit sein Blick. Ich konnte ihn nicht angucken. Ein Blick und ich dachte schon, ich kipp um. Verdammt, wie kann man da so ruhig sitzen und mich mit den Augen so fixieren, als wenn er immer noch alles unter Kontrolle hätte? Als wenn wir zu Hause wären und nicht vor Gericht. So kalte Augen und ein starrer Blick. Fast irre. Unglaublich, wie viel Angst ER mir noch immer machen kann. Er hat noch immer Macht über mich, das war mehr als deutlich. Und wird sich vermutlich ja auch nie ändern. Kann gerade nichts mehr schreiben. Es ist so unglaublich viel in mir los. Als wenn alle Gedanken aufgewirbelt in mir herumfliegen. Völlig aufgewühlt.«
Eintrag in ein Missbrauchs-Forum, 4. Mai 2012, 18:54 Uhr

An den folgenden Verhandlungstagen werden die anderen Zeugen befragt. Ich gehe nicht mehr hin, bleibe zu Hause, möchte bloß niemandem begegnen. Aber mein Anwalt berichtet mir, was ausgesagt wird: Mein Bruder beschreibt unser jämmerliches Familienleben und meine ehemalige Lehrerin jammert, wie leid es ihr täte, so versagt zu haben. Das geschieht ihr recht, denke ich. Hätte sie überlegter reagiert, wäre mein Leiden vielleicht viel früher beendet worden. Aber gespannt bin ich auf seine Schilderung der Aussage meiner Mutter. Noch immer wünsche ich mir, dass sie sich endlich auf meine Seite stellt. Aber schon am Tonfall seiner Stimme höre ich, dass er nichts Gutes berichten wird: »Ja, also, Ihre Mutter sagte, Sie hätten es darauf angelegt. Sie hätten es wohl gewollt.« Obwohl ich mit so etwas gerechnet habe, macht es mich sprachlos. Wie kann sie so etwas behaupten? In diesem Moment wünsche ich mir zu sterben, um diesen Schmerz nicht mehr zu fühlen. Meine Mutter! Herr Rabe versucht, mich zu trösten: »Das ist häufig so bei Müttern von Missbrauchsopfern.« Aber was ist das schon für ein Trost? Das macht es doch überhaupt nicht besser!

Ich habe das Gefühl, dass der Prozess auch noch das letzte bisschen Kraft aus mir heraussaugt. Ich schleppe mich nur noch durchs Leben. Allmählich trage ich meine Hoffnung zu Grabe, dass meine Mutter und ich irgendwann noch einmal zueinanderfinden. Das ist vielleicht das schlimmste Ergebnis des ganzen Prozesses. Nein. Eigentlich ist dieser ganze Prozess schlimm. Ein einziger Albtraum. Für nichts. Nur, damit mein Stiefvater irgendeine Strafe bekommt. *Was bringt mir das?*

Am 16. Mai fahre ich ein letztes Mal zum Gericht. Heute soll das Urteil verkündet werden. Während ich wieder bei Herrn Rabe im Auto sitze und auf das Leben hinter der Glasscheibe schaue, frage ich mich, was ich erwarte. Eigentlich rechne ich nicht mit einem Freispruch. Aber schon eine Bewährungsstrafe wäre, als würde mir jemand ins Gesicht brechen. Das hieße, man hätte mir nicht geglaubt. Wahrscheinlich wünsche ich mir vor allem das: das Gefühl, dass man mir glaubt. Mehr erwarte ich nicht.

Wie immer gehe ich in das Wartezimmer. Ich könnte mir zwar per Videoaufzeichnung die Urteilsverkündung ansehen, aber irgendwie traue ich mich das nicht. Ich bekomme die Info lieber in vorsichtig portionierten Dosen von Herrn Rabe. Das bedeutet allerdings, dass ich zusammen mit Kerry warten muss. Um acht geht es los. Wir schauen ständig zur Uhr. Nichts passiert. Bis Viertel vor zwölf. Dann tut sich etwas vor unserer Tür. Stimmen. Ich erkenne Frau Schmitz' helle Stimme, die mit Herrn Rabe bei der Urteilsverkündung war. Endlich betritt mein Anwalt den Raum. Schon an seinem Gesichtsausdruck ahne ich, dass es nicht bloß eine Bewährungsstrafe ist. Er setzt sich neben mich. »Am liebsten würde ich Sie jetzt umarmen«, strahlt er. Ich übergebe mich gleich! Frau Schmitz steht hinter ihm und sieht ebenfalls sehr zufrieden aus.

Dann platzt es aus ihm heraus: »Zehneinhalb Jahre.«

Ich hoffe, er erwartet keine Freude von mir. Ich weiß nicht, was ich denken soll. Aber so wie Herr Rabe sich gibt, ist das wohl ein ordentliches Strafmaß. Er erläutert: »Die Strafe fällt so hart aus, weil er keine Einsicht, keine Reue zeigt. Und weil er Gewalt angewendet hat.« Ich bin noch immer überfordert und warte auf ein positives Gefühl. Da könnte sich doch mal irgendetwas in mir regen! Aber nichts. Fast habe ich Herrn Rabe gegenüber ein schlechtes Gewissen. Und auch Kerry und Frau Schmitz gegenüber, die sich ebenfalls richtig freuen.

Als wir das Gebäude zu viert verlassen wollen, begegnen wir noch einmal meiner Mutter. Sie steht zusammengesunken und alleine in einer Ecke. Heulend. Und dann sieht sie mich. Diesen Blick werde ich nie vergessen. Ist es Hass? Verzweiflung? Hilflosigkeit? Irgendwie eine Mischung aus allem. Und dann bricht sie zusammen. Sie heult laut auf. Es klingt bedrohlich. Klagend. Kerry umarmt mich schnell und zieht mich weg. Ich lasse es einfach geschehen.

Nun ist es also vorbei. Aber es fühlt sich nicht gut an. Ich denke, es war falsch, diesen Weg zu gehen, denn meine

Mutter wird mir das nie verzeihen. Und selbst wenn ich denke, dass es auch besser für sie ist. Ich weiß nicht, ob sie damit leben kann.

Zehn Jahre und sechs Monate.

Ich kann nichts damit anfangen. Mein Anwalt meint, das sei sehr gut. Vielleicht wäre es besser gewesen, wenn ich heute zu Hause geblieben wäre. Meine Mutter so zu sehen, war schrecklich.

Und klar, er hat eine Strafe bekommen. Aber es ist eben nur eine Strafe. Er weiß immerhin jeden Tag genau, was ihn erwartet. Er muss nicht jeden Tag mit den Bildern im Kopf leben ... aber immerhin: Es ist vorbei.

An den erbärmlichsten Menschen dieser Welt; nur leider würde er es ohnehin nicht verstehen.

Hallo, du Schwein.
Höchstwahrscheinlich, also zu 99,9 % wirst du diesen Brief ohnehin niemals in den Händen halten. Und wenn, würdest du dich wahrscheinlich tierisch amüsieren und lachen. Dreckskerl. Aber die gute Frau vom Weißen Ring meint, mir würde es helfen. Also gut. Sie wird es schließlich wissen.

Nur, was ich dir sagen soll – keine Ahnung. Du bist erbärmlich. Aber das weißt du bestimmt. Oder merkst es eben nicht. Aber du hast ja nun Zeit, darüber nachzudenken. Wenn du denken kannst. Glaube aber schon. So manipulativ, wie du sein kannst. Ganz leer kann deine Birne ja nicht sein. Ich würde nur zu gerne wissen, was dich zu dem Menschen gemacht hat, der du bist. So wird man doch nicht geboren, oder? Was ist bei dir falsch gelaufen? Deine Mutter und deine Schwester kenn ich doch auch. Sind die genauso?

Und hast du dir auch nur einmal Gedanken gemacht, wie es mir geht? Wahrscheinlich nicht. Und warum bist du überhaupt mit meiner Mutter zusammengekommen? Hast du das von Anfang an so geplant? Ich verstehe so vieles nicht und würde es gerne.

Hätte ich überhaupt eine Chance gehabt, dir zu entkommen? Was hätte ich machen müssen?

Egal, wie ich mich verhalten habe, es war nie richtig für dich. Warum? Hab ich das gemacht, was du gesagt hast, warst du sauer und nicht gerade zaghaft. Hab ich versucht, mich zu wehren, bist du ausgerastet. Was hast du denn erwartet oder gewollt?

Wenn ich das wüsste, würde es mir vielleicht leichter fallen.

So gebe ich dauernd mir die Schuld. Und das ist falsch, sagen alle. Aber im Grunde sind die Fragen eh müßig. Du würdest mir doch nie eine Antwort geben. Und um dich weiter zu belustigen, muss das nicht sein.

Aber weißt du, was ich dir wünsche? Oft genug war es der Tod. Aber irgendwie ist das zu leicht. Ich wünsche mir, dass du in deinem Leben noch zur Besinnung kommst. Und vielleicht anfängst zu überlegen, ob du wirklich der erbärmlichste und beschissenste Mensch auf der Welt sein willst. Ist ja auch ein Lebensziel.

Und vergiss nie – man sieht sich immer zwei Mal im Leben.

Deine kleine Schlampe, Hure, Nutte, Dreckstück oder was dir sonst noch so einfällt

Mein Leben

978-3-401-50343-1

So lange bin ich vogelfrei
Mein Leben als Straßenkind

Mit elf Jahren bricht Sabrina aus dem Kinderheim aus und macht sich auf den Weg nach Köln. Sie landet auf der Domplatte, wo sie zum ersten Mal Geborgenheit und Schutz erfährt, aber auch Gewalt und Aggression, Drogenkonsum und Missbrauch unter den Obdachlosen kennenlernt, die hier leben. Auf einzigartige Weise dokumentiert Sabrina ihren täglichen Kampf ums Überleben – für das Recht auf Selbstbestimmtheit und Akzeptanz.

978-3-401-50345-5

Die Schüler von Winnenden
Unser Leben nach dem Amoklauf

Winnenden. Die Stadt nahe Stuttgart wird für immer verbunden sein mit dem 11. März 2009, dem Tag des Amoklaufs. Das, was für immer unfassbar und unbegreiflich bleiben wird, versuchen in diesem Buch sechs Betroffene zu erzählen. Fünf Jugendliche und eine Lehrerin sprechen zum ersten Mal davon, wie sie den Tag des Amoklaufs erlebten und mit diesen Erinnerungen weiterleben.

Dann bin ich seelenruhig
Mein Leben als Ritzerin

Warum Angela sich zum ersten Mal verletzt hat, weiß sie heute nicht mehr. Sie war zwölf und da waren so viel Wut und Schmerz in ihrem Inneren, die nach draußen mussten. Nach drei Klinikaufenthalten kämpft sie heute jeden Tag aufs Neue: für sich, für ihre Zukunft und gegen diese Krankheit, die – noch – ein Teil von ihr ist.

978-3-401-50344-8

Jeder Band:
Arena-Taschenbuch
Auch als E-Books erhältlich
www.arena-verlag.de